Chinese Poetry 2025.1

星空的当代史

主编 张执浩

长江出版传媒　长江文艺出版社

2025
·
1

Chinese Poetry

目　　录

开卷诗人

004	何冰凌　作品
018	高兴涛　作品

诗选本

040	袁永萍　格风　符力　苏宁　蒲丛　默问　纳兰寻欢
073	弃子　韦可　莫诺格　竹丫子　苏力铭　王小柠
100	张永伟　岛吉嵯木　张朗　黄浩　管清志　王清让
126	于贵锋　舒寒冰　罗鹿鸣　任蒙　张捷

诗歌地理
荆州诗人作品小辑

156	高柳　最是锦绣繁花时
166	荆州诗人作品选
167	高柳　钟静　刘洁岷　舒和平　曹玉治
178	罗秋红　李雪川　杜丽君　杨万安等

汉声
武汉诗人写武汉[3]

214	柳宗宣　李强　余笑忠　魏天无
234	沉河　槐树　林东林　袁磊　喻诗颖

编委会

（以姓氏笔画为序）

王光明　邓一光　叶延滨
吉狄马加　李少君　吴思敬
商　震

名誉主编　　邓一光
主　　编　　张执浩
主编助理　　林东林
编　　辑　　小　引
　　　　　　艾　先
编　　务　　曹维力
美术设计　　杜　娟
封面设计　　祁泽娟

根号二书籍设计工作室
QQ:1403310808

法律顾问
金　岩（湖北今天律师事务所）

开卷诗人
Open Page

何冰凌　作品
高兴涛　作品

何冰凌 作品

HE BINGLING

推荐语

何冰凌的作品有一种特别瓷实的质地，紧致、丰饶又细腻。她的笔下集中呈示出了古徽州绵长的文化气脉，但并不沉湎于封闭的传统，笔力跳脱，且具惊鸿一瞥之美。诗人擅长在平缓的叙事节奏中猛然拉开抒情的"花腔"，让诗性料峭陡现，却毫无做作之嫌。这是一位成熟诗人的真本事，她显然被低估过，但已然是当代汉语诗界最从容的写作者之一。

——张执浩

我偏爱明亮、喜悦和甜蜜以及裹挟在其中的忧伤、叹息和无奈。这让看上去复杂的人生，变得饱满、真实、唾手可得。何冰凌的诗恰如其分地满足了我的阅读期待，或者说，她巧妙地通过日常生活，在有限的诗句中为读者创造了一个完全自足的新世界。这考量诗人对词与物关系的洞察力——在纷乱的语言歧路中，如何选择，决定了每一首诗的归宿。劳作的辛酸和甜蜜，理想国中的溃堤和雪崩，都无法阻止诗人发现美，并为之命名的勇气，"月亮布满了伤痕"，这难得的品质，这绕梁数日的忧伤。不过，当诗歌"把小船抬上了文峰塔顶"，或许还有一个问题我们必须面对：如果"万物都待在自己的位置上"，诗人应该在哪里？何冰凌似乎在诗中给出了答案——你看，我早已顺从了杨柳的顺从。

——小引

相比于男性诗人，我更期待阅读女性诗人——她们似乎天然地比男性更接近于对事物的切身感受和切心表达。何冰凌在某些诗作中再一次证明了这一点，看得出来，她致力于要表达出一位女性诗人——不，她自己——的独有之感、之见，那些隐秘的、曲折的甚至难以诉诸言辞的；而她对中西方诗人"他者"的浸润和熟稔——尤其是在学院派诗人那里并不少见的文本嵌入，却也对她形成了某种"美学阴影"式的掣肘，减弱了自己的分量、质地和力度。

——林东林

当我们说一个人的诗歌具有女性特征时，有时难以分辨是表扬还是批评。但是在何冰凌的诗歌里就不存在这个问题，因为在我看来，何冰凌的诗歌是一种性别恍惚的诗歌（当然，这有时也同样难以分辨是表扬还是批评），在她的文字里，总有着女性的细微、怜悯及敏锐，同时又有一种古代山间隐士的孤独旷达之气，时而又出现西方哲人跳出世界观望人世的目力，几种情绪会同时冲突融合，让人有性别恍惚之感。这也算一种特殊的阅读体验吧，只要是特殊的，就有可能变成自己独有的表述方式，这点看来，更应该是好事吧。

——艾先

毕业照

某年某月某日
我们并排坐在一段
被白蚁蛀过的废堤上
向晚的太阳将油彩镀在江心
水波推开妊娠纹，一圈又一圈
"我们已经被选择过了，将不再聚焦。"
远处巨大的挖沙船正轰隆隆地工作
那时我们的心如同摇晃的江面
在看不见之处
一点一点塌陷

旧　信

来的路上降了霜。
那时槐花细碎，锡麟路的两旁
树木一律高出宫墙
石榴抽出红血丝，如虹膜上的
你哭啊。

流光如流沙。美曰流沙。
你不停地哭啊。
天就黑了，鸡栖于埘
月亮上山坡。

你哭啊。
一个人在厨房里唱歌
将自来水放得哗哗地响。

婺源游记

在婺源，游客们大啖红尾鲤鱼
我不忍下箸
我始终记着它们
在水中活泼的样子：
不自由，毋宁死。

泉水沁凉，穿巷而过
穿过古徽州空寂的祠堂和大屋
几个孤单的人
在古宅前交替辨认梨树

晓起村后山坡
有一棵一千五百年前的古樟
肌肤完好，祖德隆盛
从未遭受过雷击

先人们在夜间纷纷归来
他们在清脆的鸟鸣声中
与河水一起后退、消隐

作为致谢
江岭的油菜花已秘密结荚
这无边浩荡的春夜
刚经历由睡而醒的过程
万物都待在自己的位置上

京畿大雪抒怀

大雪是一个孤独的人
在给自己写信

落款在浑圆的松树冠上

人世变得醒目
也多了一份不合时宜

她在窗前喃喃自语
舌间吐出擦亮的银器
又像是在祈祷

寒凉，瞬间变成松针一齐刺向她
这刺痛
无比地美妙

杂　句

不知何时，我身体里的热血慢慢凉下来
这深秋的凉风，这深秋的叶子
万物都凉下来了
当我说出这些，一切都太迟了

我早已顺从了杨柳的顺从

妥协者之歌

每一天都同自己讲和
向镜中人嫣然一笑

白天，你伪装成一架脚踏风琴，
把音响按捺在怀中

夜晚来临
你是一只长满黄褐斑的母豹子，
孤独地走在斑马线上

譬如朝颜
——兼赠小年姐

在八点钟明亮的光线里开放
她只有这一个早晨
"你看她开得多么平静，且喜悦
不慌也不忙。"
"以后的每一个早晨也会有花开
但都不是她。"

戏拟小侄女兰若画作《小美人鱼》

如果可以，我要深深藏匿于人间
在四面低垂的暮晚，街心花园一角
用绿藻般明亮的长发

海妖般温柔的歌声将你缠绕
让风也生出犄角
我要在布满锈迹的湖面上给你写信
用发黄的旧台历作信笺
像今夜这样
如此湛蓝而战栗的星辰之国
我祈祷你能完全地拥有其中之一
坏天气和坏牙齿
遭逢爱情的好年纪
浅滩上嬉戏的小丑鱼
当你如我一般大，你也会一一经历
包括遭受背叛
和诋毁
早年在安庆街头，有人曾将你认出
我们竟如此地相像
你这过早失去父亲的孩子
我亲爱的小侄女
从小我将你驮在背上
当你铺展开画布
世界将如你所见
我会指着北方天空最亮的那一颗
教你辨认启明星
重返那失而复得的梦境
和花园

与诸友同游姥山岛小记

当集体的快乐从巢湖底部涌出，
瞧，这波浪形多深沉。满山的花儿都在开，
在等待
确认是白色的野山茶。
银鱼环绕。望儿山合拢
它使妈妈的眼睛涨满湖水。
寿诞的歌声中，
我们把小船抬上了文峰塔顶。

多买胭脂画牡丹

早春树液涌动,似呼唤热血
——重返少年时。
花园里有什么?有花开。
有蓟马、潜叶蝇、蜗牛和蚂蚁。
黑暗中,种子抱梦而眠。琐屑也有琐屑之乐。
——此即生态圈的谅解备忘录。
这么多年来,劳作的辛酸和甜蜜,我已有体悟。
好在植物们都有向上和向光明飞奔的好品质,
颇值得我学习。
"那紫色边境潜伏着颤抖、溃堤和雪崩,
战争早已打响,其中以雷暴
最为诱惑和神秘。"
若乱码出现,勿回应和阐释。
那你在寻找什么,又几欲放弃?
也不要为庸俗人际学沮丧。
——我们的邻居送来了新鲜的
香莴笋,就在刚才。
谢谢。请打开铁锈红大门,
再度踏上那理想国的电梯。

流水从容赋

我不得不放弃这绣花的技艺。
冬日的花园是黯淡的,玫瑰业已枯萎,
美,也需要附着他物,包括语言。
寒冷和黑暗使动物长出脂肪
敦促植物分蘖,积蓄力量
这力量里,包含着自我破解的勇气
如大花天竺葵盛放所必须接纳的"春化"。
天际的深蓝快速转黑
属于个人的衰老也已经来临

而黄昏景致大体相似:
随着浮云落日和万千流水逝去的
不仅仅是小我短暂的肉身悲欢。
面对一截枯干的老梅桩
她渴望提取梅花的蜡质来保留

这份完美的香气：
"不变质。不妄念。作为本体，
仍葆有昔日之真纯，
在陨落前，及时献出望向世界的双眸。"
这最后一眼
混沌而清澈，诚恳又坦然
并未见识过太多的人间污秽、离乱
阴谋及罪愆。

朱顶红之歌

华胄兰啊孤挺花，林中响箭
夹带粉色惊奇。感谢你
迎着迷雾开放的勇气。为我——
你爱和美的忠仆，带来异国的泉水
仿佛琴声也辽阔无边。沿镜子里的光线
就可抵达花园秘境
那浸泡过情人眼泪的桑果，将再次濡染我渴饮的嘴唇
这一次
我回到孩童时代在两棵树之间
跳皮筋的地方：
"骰子一掷取消不了偶然。"①
——亲爱的，除了时间，我更无别的仇敌
檐下最初允诺的铃铎已归沉寂。
"试管里的风暴更无法长久，
恰如这激情——
扬汤止沸，永无可逆。"
日晷轻移到女墙另一侧
那祭坛上黑色的小蠓虫瞬间获得美丽的翅翼
尺蠖和蛞蝓也披上了金色的外衣。

注：①引马拉美诗句。

重返记忆之镜

四甲河还原了某种场景：水中赤裸嬉戏之孩童
头一次透过这镜子打量自身
这最初的一条河

给人以观照。越接近野河
自我就越澄清。没有石头驳岸
缀满小野花的缓坡滑向水面
类似于浅海中延伸的大陆架,两节车厢首尾
连接的部分,自然蒙恩般的过渡
使流水的序列趋向完整
摇曳的水生鸢尾、琉璃苣和凤眼莲
肉眼看上去是紫色
在镜头中会呈现一种纯粹的蓝
为梦境和记忆所特有
城河一侧供奉了一座小庙
——祇园寺
给河水盖上一枚红泥印章款识
岸边密集的树冠上
鸟鸣声迅速推进初夏
那最清脆的一滴,投注向河面
构成叠加的虚无
如果说
话语
造成误会的根源
那是远古的沤麻人来到了
河水中央

小河流

谨记着河流迂回的教育:
迤逦走过七都溪、凤坞溪、楼塔溪
小十字、小风车、小莲花
泽被光影的流苏
络石飞旋
编排长夏浓荫的梦境
几位中年的故友
在桥头拱起的命途里相见
这场面欢乐又哀伤
单孔石桥下的流水一去不返
景物不断得到刷新:泡桐树
有高高的华盖,烛台千万盏
花瓣随着流水漂荡,那绿织锦缎的滩涂
皆无法控制随波逐流的快感。

河流在平原上蛇行，一路
虚耗清澈
那平缓的和湍急的
似乎把我们生命中的某一部分
也一同带走
悲歌，却永不消隐：
世道啊，那幽微又辽阔的人心
"不是平坦的欧几里得空间，
而是弯曲的黎曼球形。"

在严店乡

巨大日冕的手指，
穿过路边葡萄园，
浆果正在增加甜度。

湖上的光线呈黄金液态，
浩荡的江水将被引灌至此。
可以想象，
瀑流如抢着见世面的小孩子，
争先恐后地涌出。

在肥西县严店乡莲花圩，
派河口泵站已经建成。
引江济淮，
连通大地秘密的心跳。

这昆虫撩拨的初夏，
树木像竖琴等待
风的弹奏。
葡萄如珠玉养在深闺，
被"善于发现美"的眸子捕捉。

在观察酿造蜜糖的过程中，
我获得了蜂房的寂静，
——关于劳作、艰辛和美的教育课。
远眺防波堤稳定的蜂巢构造，
领悟葡萄变甜的
摩斯电码。

观龙潭长江大桥

一只超自然的手
像无人机牵引回声
迪尼玛绳先导索飞至北塔塔顶并
锚固彩虹,月下扇贝和
江面上伸展的光

湿地里白鹭
和松鸦啼叫共振
龙山下
是仪征诗人盛成的埋骨地
寂静相互角力
"令我梦见天将破晓
玫瑰一色底万象
无穷纤细的光华"①

水泥搅拌机
使情感的吨位一再上涨
双龙戏珠塔柱随之抬高天空
江畔水草因丰茂而汹涌
再次摹写龙形和
悬索的穿墙术
盾构机也是时光机
欣喜融化于
星空的当代史

注:①引自法国诗人瓦雷里为法国骑士勋章获得者盛成的作品《我的母亲》所作序言。

海眼记

瓯居海中
江心屿是一个孤证
遗物般
出现在状元王十朋、木待问的诗文里

一方名叫"海眼"的宋井

使足底涌泉
浅海中大陆架上升
沉船显现

双塔立于象岩、狮岩之上
其中东塔残破
杂树繁茂若野狐禅

浑黄的落日和江水
拟顶针格修辞
从两个方向记录流逝

晚风传来狮子吼
远望遗址中的水陆城门
一如裹在时间浮力中的橡胶大坝

故人之引

1

圆月又升起
在霞浦的海面上
如故人之引
啊,你看,你看——
月亮的脸

此情无计向大海倾吐
海浪匍匐着折叠
西西弗斯式推进
这不死的软雕塑
持续赐予船底的藤壶、牡蛎
发光的水母
海带排
以动荡之爱

2

我看不懂黄昏滩涂的
美拉德配色

大海
无时无刻不在交换能量
当海边陈列的青春诗句被人
轻轻读出
这种感觉甚妙
如细浪来袭，流沙泻于脚底
内心发生的
一阵管涌

3

有一个词叫旧
而大海永远趋新

有人想要在大海里捞针
像霞浦的儿子

诗人汤养宗当年那样耐心
一个新入伍的声呐兵
正学习谛听

是啊，你听——
有台风的前夜
渔船全部归于港湾

此刻浪的排箫里也有他者
不可知的命运

高兴涛 作品

GAO XINGTAO

推荐语

阅读高兴涛，时常有一种故人相逢的亲切感。或许是因为他缓慢的语调，也或许是因为诗中那些细微的停顿、欲言又止的转折。在当代汉语诗歌的写作中，强调语言的精准与对细节的关注，无疑是诸多诗人努力的方向。究其根本，是因为口语化带来了情绪上的松散、韵律上的杂乱，如何纠正这些负面的影响，成为检验诗人的标准之一。高兴涛似乎寻找到了某种方式，用语调的停顿、简洁的白描，让一个陈述句在诗中获得了意味深长的颤动。"雪可以取暖，词语可以是灯"，从落笔那一刻的喧嚣，抵达了结束时的寂静。这似乎彰显了诗人的某种艺术倾向——以柔克刚，顺水推舟。最美好的春天，是你走在回家的路上，忽然感受到吹面不寒的杨柳清风。

——小引

我一向把写作粗分为两种：一种是为文学而写作的；一种是为读者而写作的。而在为读者的写作中有现实主义倾向的，也有具备抚慰人心作用的，在我看来，高兴涛的写作就倾向于抚慰人心的写作方式。他本人看来也满足于美好的情感按摩以及所谓"正能量"的表述方式，理性地说来，这也是部分读者喜闻乐见的，也是这类诗歌存在的理由和价值。虽然在他的文字里没有太多的生活细节支撑并强化他的情绪表达，但是这种表达有可能也满足了部分读者和作者自我的情绪宣泄，在大的意义上来说，这点也正好体现了文字的部分功用。

——艾先

对于当代诗歌的认知分歧并不全然存在于读者那里，也存在于诗人那里。高兴涛的这组诗歌就提供了这样的注脚，他所奋力图解的，或许更多是一些浮游在诗歌周围的却并不足以构成诗歌本体的幻觉和幻象，指向于轻忽的疼痛、无由的情绪、放任的意义……至少在我看来是这样的——而从这种意义上说，这组诗歌也提供了当代诗歌的一种文献标本，它袒露着当代诗人群体内部所产生的巨大书写分野，也由此呈现了当代诗歌多元而驳杂的行进现场。

——林东林

高兴涛的诗一如他精心营造和呵护的那座虚拟的诗歌"小镇"，远离人世的纷扰与纷争，力图呈示出一种祥和宁静之美。他用古拙的笔法、和缓的语调、尽可能少的词句，为生活点睛。明月清风，花鸟松针，雪山寺院，诗人在陈述自我内心真实感受的同时，也在传递着他对生活独到的观感。从某种意义上来讲，高兴涛的写作是任性的，也是随性的，但他的这种恪守，又为他的诗提供了某种精神限度。

——张执浩

三 月

有一个早晨
春风吹着衣裙
土地刚刚落下了雨

儿子坐在窗前读书
你在认真地
整理他小时候的玩具

诉说爱情的年纪已经过去了
岁月可以一直陪着我们到老

没有一首诗可以替代
这分安宁。春天刚来
爱过的事物,可以再爱一遍

因 果

作为一个父亲
当然好了。我有了责任
也有了明月般的爱

对着明月
当然好了。人间安静了许多
低下头
就感到慈悲

站到寺院门口的银杏树下
没有比此时更好了。每一片叶子落下
轻然,无声。风吹来
必然是带着温良的因果

向晚记

喜欢这时的温暖
有些微醉。鸟贴着水面而飞

暮色落在暮色上。加深的暮色
未必就是忧愁本身

山上住着一些房屋
遮掩的部分，有一种清苦
因寂静而自卑的小路
比云，行走得还慢

我也要为自己打算了
在这个慢慢向晚的世界里
节省一些寂寞，和爱

去山上

不是为了听风
也不是为了看，草木茂盛
虫鸟以虫鸟的方式，活在山里

山里人很少，几条路
都可以抵达山顶

我不打算上去。坐在这里
已经很好了。无须把一切
都要引向，别人认为的美好

我的影子，在两棵树之间
均匀地呼吸。有时，还可以看见
它在飞舞

那一刻

谁会在意一个人的死去
谁又在一个人的死中获得顿悟

生命带着缺点而来
在自语的世界里

我也是一个缺乏智慧的人
就像此刻随风而动的草

无法找到悲戚的理由
也无法说出死亡的坏处

我喜欢这样的日子

我喜欢这样的日子
神一直都在
温良的事物，像一个瓦罐
盛满了世间的空
和岁月的辽阔

没有一种疼痛，可以持久下去
我明白了。没有一种孤独
像它自己

晨间的光，坐着云雾而来
因为，太寂静了，可以轻轻飞起

被光照耀的人

光，照在脸上。他
睡得很香，没有比这
再美好的事了

微微的暖意
喜欢的书、似懂非懂的人世，一个冬日的下午
万物在自身的光中，慈悲、安宁
各得其所

五　月

在五月，我还是一个不确定的人
接近生活的时候，需要比喻

我想总归有一场雨是要来的
落在窗外的清愁,与枉然之上
藏在雨水里的寂寞
从来没有人认领
没有人说,施主,请您留步

下雪了

雪落在好人的身上
也落在坏人的身上
没人会在意

就像一个人在喝酒
另一个人抽烟
月光照着他们
并没有多大区别

写诗时
才感到
人应该善良
雪可以取暖
词语可以是灯

随手记

一颗心,最好的赞美
就是安静

流水的日子,不去多想
不作分别

看见,一枚松针
落在地上
获得更大的平静

我心存感激
万物尊贵,努力地爱
能抵世间的苦

假如爱有天意

只剩下自己时，我常在想
过往的美好，突然变得沉静
其中的深意

假如爱有天意
你会说
那一句了悟的话吗
"什么也不需要了
我只要你"

新　生

无常是甜蜜的雨滴
或菩萨的泪水

早晨，你坐在那里
傍晚，你坐在那里

你拥有了放下的快乐
你没有了人世间的脏

无　题

这傍晚的人间，实在朴素
松树是松树，流水是流水
赶路的人，已过半生
鱼儿在梦里游弋，云朵沉入水底
未完成的宁静，思量着如何宁静
空气清澈，第一次真正地
接近自己。没有什么，值得着急了
抬眼望去，雨水穿过人群
一种赞美，缓缓落下
落在早年的记忆里

慢慢地

我相信一个词
可以改变人的一生

一个从容的表达
也许是在暗地里
反复练习的结果

我不打算去抒写
那些不曾爱过的事物
没有什么比"慢慢地",这个词
更加美好

慢慢地活在一个朴素的季节
慢慢地写诗,想你
想生活的意思

更多的时候

独自言说
独自喜欢秋天
独自看草木挫败
伤感是光的阴暗面
独自变化
唯心的人,都有一个美好的未来
独自在陕北
迷信诗歌
不好意思面对妻儿
独自哭
泪水是这个世界
最甜的糖

火车记

有些年,我一直坐着火车
不大相信生活能够安稳下来

多少事物，在窗外，变成了风

像一些时间
减去另一些时间，减掉的
那一部分，一定很疼

但有一次，我站在过道
看见一个女孩在火车上
静静地看书。就像我们都认为的
那种美好。珍视着自己的世界
不想挪动一点位置

山间的秘密

静谧的山林，仍有暮春留下的痕迹
一颗露珠因为清冽，而渴望滑落

小的事物，也很美好
为生活带来欢喜。缓缓地叙述着
时间的慢

山水之间
心灵和心灵是挨在一起的

在星空斑斓里歌唱

清晨是淡灰色的
因此，中年是藏蓝色的
星空斑斓，每一天都值得去爱

我们已经拥有了很多
命运所给予的幸福

他的呼吸是鲜红色的
因此，那存在的不存在之美
是圣洁色的

桂　花

门口的桂花开得真好
好比，你爱上了安静
又相信了无常

坐在树下
再也不用做一些徒劳的事了
慢下来的风
轻轻地吹着月光

劳作回家的母亲
才是这世间最伟大的恩情
她说，那棵树真香

风

一片叶子摇曳着，多好
我们还不知道，风，这个词语，多好
我们看着一片叶子吵醒另一片叶子
后来是整个森林
茫茫的，更接近生活的空阔

雾

我们在失去之后
才找到生活的重心

近乎在一种语言
和另一种语言之间
找到平衡

生命的意义充满幻觉
它只是一个模糊的画面
仿佛从雾里走出的人
遇上走进雾里的人
互相点了点头

雨天记

雨顺着屋檐
落在地上,砸出许多小坑
好多年了,我一直在接近
这种缓缓而来的痛
如果这些坑
不被填平,就会一直在那
可以看见一些沙砾
细碎而明亮。岁月和雨水,滋养着它们
寂静的气息,像已经得到了永恒

那春天

不过比别的地方
来得晚些。荒草
和枯枝
可以多些时间
放下悲凉

一个人沉默了很久
无非是忘了孤单

一个人把尚存的温暖
还给大地,突然心酸。然后
送走流水

冬　日

喜欢空气里
有些阳光
喜欢你,在阳光下
发呆的样子
喜欢,总是让我
多一点爱
但有时,距离把握不好
我也会哭

自画像

最后的理想,留给
轻生的人,他们早就说过,看不起
这个世界。就像我清楚你
常常攥紧拳头,却软弱地活在世上
你就是高原上的一头驴子
倔强也木讷。没有哭声,在河边
或老柳树旁,在一个下午就要完蛋的时候
一抬头,把泪滴,洒在河的两岸

这个下午

阳光迷恋草木
远方念及游子
虚度的时光,拒绝惋惜

我依靠一些词语
回到安静。的确有一些
温暖的东西,主宰着我们

歌声婉转
一片叶子落在水上
不愿承认,这是忧伤
在轻轻移动

小雪日

让我们坐在一起
接受着这个世界
的荒唐
以及,荒唐之下
的说不清楚
雪宽恕着
过去的悲伤
我的朋友
不是死了

他只是无法描述
神的垂爱

安静的人

他安静地坐在那里
和石头没什么区别
如果有风吹来
他微微地动了一下
我会想到他的定力
也是有限的
如果有风吹来
他还是安静地坐在那里
我会孤独地脸红
然后伸手动一动他

干净一点

我们穿过佛堂
是否就干净一点
我们在菩萨面前下跪
是否就干净一点
什么才能让我们
心底踏实
觉得自己干净
我指心灵
如果只是吃素
只是放生
只是信一切皆缘
我保证
晚风拂过
河流上升起的落日
就是我戒掉的悲伤

暮钟述怀

傍晚
在钟声里醒来
许多个日子
都是这样
把蔬菜洗净
把衣物晾干
在纸上记事
山上的叶子
落在山上
风踩灯影
比寂静要轻
从前，我是一个脆弱的词
现在想通了
我放自己走

河堤记

那在河堤上吃草的牛，真好
饱了，就看看河水，看看山岩
还有桥上的喧嚣
那放牛的人，也好

敦厚、老实、面带微笑
说拍牛，不要钱的
说那头还有驴呢

草比春天茂盛
柔软的地方，事物的心肠
都好。暮色轻绕
浮光温婉。我也有
对尘世的爱，只是一直忍着

不会说话的植物

养了很多不会说话的植物
摆在阳台

陪它们晒太阳
听人间的喧嚣
这是午后。诗
在生活里的分量
越来越轻

叶子摇晃自己
模仿风的样子
内心突然紧缩
像被安静烧着一样

四 月

此生，和来世一样
都很清凉
这样的时节，说什么都不太好
什么也不说的时候
静静地坐在天空下
旁边是一个寺院
心即草木本身

早春的雨

那个下午
青色的山
落着细碎的雨

门口的玉兰就要开了

你站在我的身边
轻声诉说
每个人的梦里
总有几个难过的词

我们都是寂静的事物
受困于另一种寂静
说什么无常呢
让我轻轻地飘落

赞美诗

有些地方绿了
这不容易
洋槐树的花，洁白干净
柳树到处都是，头顶蓝天
年轻人跑进了城里
山沟空盈，充满孤独
动物是羊、驴，偶尔
会有几只猫，在流浪
风是微风，有时生气
掀起尘土
让人看不清这个世道
真想好好爱一种事物
赞美她
用安静抚慰
给她起一个好听的名字

回乡记

回来后，天就晴了
所以，可以在光线暗的地方
看见旧的事物。可以稍微感慨
无论怎样，过去即逝。就像春去后
夏带来炎热，投下的阴影
不该有太多悲凉

时间和灰尘一样的轻
类似的，还有亲人
日渐消瘦的影子
这么多年。月光是最难懂的句子
而遇到阴雨天，云朵成墨，泪染尘
我们只能记住，往事的轮廓

清　明

最好下点小雨
但有时阳光灿烂

我们烧纸钱，给坟头盖上新土
死亡静静地埋在地下

爷爷、奶奶，以后还有
父亲、母亲
还有我，也会埋在地下
开始另外一种生活

夕阳西沉
我们的棺材已经腐烂
我想好了
既然已死
就不要重生

我分不清焦虑和抑郁的区别
但我喜欢忧郁

一只忧郁的橘子
安静地坐在盘子里
只有我一人看见

一首忧郁的音乐
充满了整个房间
只有我一人听到

很多年前
我就知道
有些东西
是与生俱来的

安静地享受
这美妙的感应
用心
去平衡生活
的纷扰

像一道闪电

无非是星星雨点落下
阴云挨着忧愁

无非是情到深处
不发一言,一个人
坐在宇宙

清晨碰上露水
傍晚遇见日落
夜空真美,我们用尽一生
像一道闪电

不要谈及什么命运
万籁俱静
就是圆满

多好啊

已经活了四十年了
失去比拥有更多
走过的路,以一种美学的方式
给我安慰

孤寂,使人清醒
忍受,令我相信,还可以承受更多
在谜一样的世界,不能将理想与现实
简单为二

它们都来自善良的心

无 题

这傍晚的人间,实在朴素
松树是松树,流水是流水
赶路的人,已过半生

鱼儿在梦里游弋，云朵沉入水底
未完成的宁静，思量着如何宁静
空气清澈，第一次真正地
接近自己。没有什么，值得着急了
抬眼望去，雨水穿过人群
一种赞美，缓缓落下
落在早年的记忆里

十二月

这时，正好再见
我在陕西省的北部
对你说，月光比雪还轻
我已经分不清
喜欢的事物
还有哪些
在这个冬天里活着
生命的意义，来自挽留
一阵风吹来
痛苦走了
甜蜜，像个问号
要保持一阵儿
再走

圆

我喜欢寂静的水面上
有一个快要消失的圆

寂静不被说破
以自然的方式呈现

圆在接近无的时候
感到空的快乐

安宁来自内心
晕化出暮晚的清凉

苹　果

其实，我们很难认识一个苹果
这不是数学问题，而是关于命名
与事物本身。

我父亲在自己即将进入中年之时
开始种植苹果。他的目的，也不是
苹果，而是靠苹果养活一大家子。
后来，他爱上了苹果。就像爱
一件事情本身，必须要放下所有的目的
才能得到真正的快乐。

我父亲的中年，就在苹果园里
他会一个人，发呆，陷入沉思
我能想起来，那里有很多蜥蜴
坏掉的苹果，以及一些童年的虚无
因为口感不好，我很不喜欢
吃父亲种的苹果。

一个人和苹果的关系
往往大于一个人和自己的关系
复杂程度，需要耗费很多精力
去回忆，甚至虚构。我父亲
把他的苹果树，全部砍掉之后
开始了庸碌且毫无特点的生活。

平凡而普通，就像现在的我
不清楚什么是苹果。我朋友说
要想告诉别人什么是苹果，就要
拿出一个苹果，指给他们看。

我惊讶于这种发现，并认定
所有的艺术皆是如此。一个苹果
不等于一个真正的苹果。一个苹果
仅仅是出于需要，才来到这个世上。

诗选本
Selection

袁永萍　格风　符力　苏宁　蒲丛　默问　纳兰寻欢
弃子　韦可　莫诺格　竹丫子　苏力铭　王小拧
张永伟　岛吉嵯木　张朗　黄浩　管清志　王清让
于贵锋　舒寒冰　罗鹿鸣　任蒙　张捷

袁永苹 的诗
YUAN YONGPING

中 年

像旅行箱的滚轮滑过机场的大厅，我滑过40岁。
人生中途，许多零件脱落，滚轮失灵。
我站在一条漆黑的隧道的中段，朝着两端张望。
光芒刺眼。在人生的候机大厅里，
我拖拽着行李，坏掉的滚轮提醒着我，
我的人生时常有的相反运动。
我感觉到整个行李箱的重量在我的手上，
发出"咯吱，咯吱"的响声。
我的眼皮酸涩刺痛，野心丧失，我感觉到疲惫，
失血的中年，疲软的性，头疼的亲子关系。
……但是还不够，
尽管月亮失信变为骰子或者银币，
但是一切都要重新舒展，花蕾重聚枯枝，
暴雪重回天上刀刃重返新光。
吉他快乐地凝聚到一束琴弦……

三月的假春

此时去踏青为时太早，
因为春季还要等上两到三个月才行
嫩草虽然在孕育但是积雪仍未消融
一切都因为是在这个城市这个地方。

此时，嘴里咀嚼着饭菜，眼目看向那条
银龙似的街道。午夜，在灰色窗纱后面
那里像是一条银河当中飘摇着冥世的小船只
那是小汽车的身影

此刻如果想到新生会否有些突兀？
虽然这一曲调在我生命中时常奏响
几乎成为一个主题乐章，反复弹奏
特别是在我犯了一个羞惭的错之后。

我沉默，在那些羞惭中，
因为沉默是一个蜗牛退回自己的壳。
而我退回到语言的蚌壳之内，
我在这里通过沉默酝酿更大的发声。

我的阵地在转移，它不会在滩涂
它也不会在汹涌的海洋里，
在我躺在灰色的枕头即将开始我的睡眠时
我躺上软绵绵的沙滩上，海水就在我的身侧
正对着我，准备灌入它有音响的白浪的碎屑。

Wuthering Heights

今日的狂风呼啸着漫天遍野
造物主从昨夜就开始的怒气蔓延到今天
晚餐我做了红烧土豆
坐在餐桌阅读一首英文诗……

我的耳边响起冰箱制冷时的奇异声响
一个名字忽现脑际：
"希斯克利夫""斯蒂克利夫"

在艾米丽·勃朗特的笔下总是刮着狂风
阴冷的鬼魂试图闯入人的世界
将一切否定重新变为肯定。

当那个借宿着住在靠窗的空房间里，
枯枝拍打着窗户，狂风怒吼
如果凯瑟琳的鬼魂能够来到人世行使她的主权

颠倒的一切都会被重置
遗憾的事都会变为祝福？

错误的语言像尖锐的哨声吹响在人的耳畔
而呼啸呼啸呼啸像施虐者的口哨声
当希斯克利夫临死前，他再一次呼唤"凯瑟琳"

这种声音摔打着地面，
衰减，衰减，不断衰减……
——终于变成了一种人声。

三月的转变

正感受某种陌生的力再一次回到身体中。
过些日子，精神的躯体开始潮汐
涌动着低吼的呼啸，

被潮湿冰冷的灰色沙粒平衡
——搅拌着粉红色的儿童铲
塑料小水桶和更远处的蓝天

海边陌生的人群拥有一种对往昔的回顾性
阳光发烫开始照耀我的脑仁重新发电——
这是我们的第二层生命吗？

要小心软沙中的刀片或易拉罐拉环
那些会让血轻易涌出的伤害环伺着我们。
海浪中一个个强调音符……
岸边叫卖槟榔和椰子的男声

与之相反的是：肉身一直在做着该有的周期性运动：
开始进行最为一个人的自我
和对自身的愉悦性进行着持续地观察。

被退回的邮件在邮箱里抱怨着笨拙的发件人，
现在，那个人仍爱着，站在时间和时间的礁石上：
被推，并且像这样说："一种快乐胜于痛苦。"

冬季的喧响

冬季的喧响通过傍晚的暮色发出它的转换消息。
想要冲出冬的包衣的念头不断回旋,
如一个声音。

想要给人生递交一份新的答卷,但题目是自设的。
无处可逃,空气稀薄,我想我应该到气团里去。
无法躲开雪,那就让我更深地进入雪。

眼前的情节叙事着将来的命运吗?
巨大的吸引力,我能够完成射日的目标吗?
或者作为一只跃冬的小松鼠躲藏在最深的灌木丛中?

语言,能够像水流一样流动
此刻,夜的女神每隔一会都会调暗她的屏幕,
浅粉色的晚霞勾勒了天的半边。

这里灰和砖块的色彩让我感觉到温暖,带有救赎的意味。
这里的冬幕已经拉开,渴望的演职人员就位。
蓝色海岸徐徐落幕,我的心就藏在那里。

格风 的诗
GE FENG

把马牵近些

一艘船运来一条新的河流
在城郊接合部
我们放船
看他们洗马
梳理时间的鬃毛
这是开元二十八年一匹赤红色瘦马
无法靠近的一匹马
金子般的光泽
与落日的余晖融为一体
"它是多么希望被人理解啊"
有人在水边说话。水鸟沿河岸、田间沟渠低飞
茂密的树林中蝉声响成一片
秋雨过后，水下的菱角已经成熟
蒲草和城边的景物
在八月的天空下愈显荒芜
明天就是白露
蒹葭苍苍，白露为霜
旧事物突然敞开的回忆
如远处的青毡
一直走向你
"请把马牵近一些"

雨是时间的错误
——博尔赫斯致李商隐

雨是时间的错误
每个夜晚都在重复书写同一场雨
所有的雨
都落在昨夜
所有的昨夜都飘浮在
潮湿的对话里
"就像刀锋选择自己的伤口"
我正用另一只手
书写北方更深的雨季
爱因斯坦说同时性是个温柔的骗局
所有雨滴同时落在三个坐标点
你拆开信的动作
我酒杯里旋转的图书馆
以及子夜时分
阁楼传来剪刀开合的声响
镜中人忽然转头
循声望去,只见水渍边缘的虚无——
整个唐朝正从指缝间漏下
精确如沙粒的雨

床前明月光

半夜醒来,地上洒满
白花花的盐
以为回到了盐城
裹着军大衣
在路边废弃的报刊亭里
收听外国之音
时局的变化
与消失的半导体收音机之间
隔着一条街
我们时常见面
但很少谈论诗歌
有一次说到李白的身世
无意中暴露了
自己的秘密身份

看不见的长安

凤凰台上,有多少凤凰要来唱歌
深埋黄金的大城
白色翅膀下
鸟儿突然消失
江面上依然波浪翻滚

春天,杂草下面是废弃的宫殿
前朝的废墟深处
是戴帽子和穿长袍的人
他们的墓地
必须远离才能看见

三峰山迷失于
自己的历史想象
那里蓝天很蓝,白云很白
白鹭洲的两条支流也被分开了

可是浮云
就像太阳的白内障
看不见的长安
所有的事物都让人心碎

月亮是只空碗
——杜荀鹤致质上人

枯坐是另一种行走
第七日
云在赶路

偶遇路人
你不说话
器物破碎的幽微声响
也是一种语言

风绕过所有
未说出的
人世间的事情

月亮出来了
月亮是只旧瓷碗
一只空碗
接住整个秋天的重量

扬州夜宴·刘禹锡答白居易

我,一个流亡者
被贬巴国
在荒蛮的巴山楚水间
生活了二十三年
有人用生锈的铜管吹奏死亡
回到故土我像人类的碎片

当所有的船沉没
桅杆成为暗礁
又有一千条帆切开波浪
带来一条新的河流

病树的根
在泥土下攥紧拳头
在诗人的指缝间
一万朵花爆出无限春光

我希望这杯酒
能激励我
认出自己喉咙里
那颗从未发芽的石头

唯有慢才能深刻

傍晚光线下
滕王阁的阴影部分
配合江水
发出嘭嘭声
舞蹈和歌曲被拒绝
南方彩绘的椽子
如此寂静

又如此自由
在历史深处凌空飞舞
当西山的烟雨吸引眼球时
珍珠窗帘卷起
闲置的云和时间
飘浮在风中
日子过得很慢
物体变化,星星移动,人事变迁
曾经住在塔里的滕王
如今在哪里
在栏杆外
长江一小时一小时地流淌

野旷天低树

想想孟浩然
在建德江一个小岛上
喝醉了,找不到自己的船
岛上大雾弥漫
旅行者无处安放的夜晚
在天空的江面上
一些说不清楚的东西
一种巨大的事物
略低于天空
而高于旷野
天空降到一棵树上
直到月亮升起
看清楚随身携带的河流
人是自己的孤舟

聆听那只不存在的杜鹃

尤其是梅雨天
小区里喔哦喔哦的哀鸣
一声接一声
不该在客厅里
听到的什么样的鸟儿
叫得这么丧

想起李商隐的鹧鸪
就是杜鹃鸟
"我不担心杜鹃鸟过早的啼叫
只担心春天不够热烈"
那些潮湿的灵魂
在灌木丛中
肯定不是那只
早已经不在的杜鹃
那它是什么
叫了一个晚上
相当于一千多年

符力 的诗
FU LI

登烂柯山

石梁之上,阴冷尚未磨出切肤的锋利。
风涌着我身心的船只,也涌着
五彩群山的海洋。

青松减了三成颜色。枫树用最后的力气,
撑开明艳本身。
水杉举着红褐叶子,举着熊熊燃烧的
火把——我见过山间各种树木,
记得林下诸位诗友:他们
纵论闲谈,在水边直行,在鸡爪槭旁转身,
在石台上眺望,做手势。

当我扶栏下山,远方景象恍然闪现:
阴霾又起。白蜡树片叶不剩。
忍冬树丛在风中颤抖。
浓烟腾空。男人脱去衣服。
妇女、老头踉跄走着,三岁女孩带着弟弟
也是踉踉跄跄地走着。逃离家园的
途中,哭声压不过枪炮声。

这个冬天,我还要继续走着,
但做不到再次来衢州。
今日此时,从头走一遍这座矮矮的山头,
也难以做到。我用几分钟时间
折回去,看了枫树、松树,抚摸了

水杉——这燃烧的
世界的本体。

额河村之秋

额河已经不能再消瘦了,但仍然
急急奔走,绕着村庄
桦树涌向水边,辨认前世的岁月金黄
黑加仑悄悄酝酿浓稠的琼浆
姑娘双手搂着胸口,微微低头
穿过斜阳中的柳林——
围巾的颜色很深,好像压在山头的云层

如果你将在这里老去,我还能
有什么选择?除了在你身边,直到
白雪满头、滴水成冰

我到底中了什么魔法?我不会
告诉梦中造访的流星
此刻,谁想了解我的前世今生,就去看看
那条奔走的河流
——穿过柳林。叶片飞过炊烟
晚风扬起马背上的鬃毛

阿勒泰印象

向高处延伸的砂石路上,盘旋着我们的旅行车
还行走着一大群牛羊
——牧民骑着摩托车,不时发出吆喝声
几束天光在三号矿井里移动,亮光
并不投在我们和牛羊所走的这条路上

那是可可托海的九月,还没有人
为流水和桦树林抹上饱满又明亮的油彩
我们的车子无法加速——即使连续按响喇叭
牛羊照样踏着牛羊的步子
摇晃着牛羊的身体,走自己的路

行旅中的那些日子,我把那群牛羊的状态
理解为:慢悠悠。
当我从北疆归来,当我回想高山矿区
回想额河村民和小镇上的生活
回想遥远的阿勒泰,我对牛羊们的认识
已经换了一个词:
安详

记游昆仑山

从清早走到正午,从海拔两千七走到四千二
车子,仍在万山之间

群峰托着白雪。蓝天蓝得无牵无挂
在远眺与远眺之间,在仰望与仰望之余,我凝视
雪水潺潺赶路,瞥观绵羊低头吃草
也在朋友的惊呼声中扭头
追寻,认识——羚羊闯过戈壁公路之后的
悠然

这一路,无数景物见过我
我想牢牢记住:一丛丛小黄花,挨在
弯弯的细沟浅壑旁,也错错落落地贴在
漫漫的砂石土层上。她们
太微小了,而她们的额头反射玉石的光泽
——明亮的事物,都曾得到
神灵的亲吻

回 家

母亲从窗外拉开帘子,喊我起床
墙上照着又亮又暖的晨光

这时候,公猪母猪都喂饱了
鸡鸭还在小院里啄食,拍翅,鸣叫
母亲转身进厨房洗刷大铁锅,准备烧水煮肥鸡
父亲已经从小镇上回来——
大袋小袋里装着青菜、排骨、鱿鱼和大虾

两年没回家，我想早起
为双亲忙活些什么
怎么就这么晚了？晨光照在白墙上

我还没醒来，还是一个小男孩
枕头下压着旧报纸包衬封面的语文课本
咿呀声还没开启沉重的大门

坎布拉

山路转弯又爬行，爬行又转弯
正午随车子抵达丹霞山间的第一座观景台

群山威严。湖水沉静
我在那里眺望，在那里回想——
阳光从青稞地里认出一派浅褐的坎布拉
村民正在收割的坎布拉
旅行车、农用车同行的坎布拉
新种和原生的树木都在轻声诵经的坎布拉
经幡飞翔五彩的坎布拉

车子行至群山之巅
我在那里遇见：孤鹰独啸、浮云无边
神灵照管碧水丹山的坎布拉

已经好久了，我仍梦见自己——
在青海，小镇夜宿
花儿响起又戛然而止。星月之下
彻夜醒着坎布拉

苏宁的诗
SU NING

早春之雪

这场连绵数日的小雪后将迎来惊蛰

雪停后愿你抽暇去乡村走走
看到阳光一整天铺在地面是喜悦的,一年到头忙碌的人
请在午餐后歇一会儿,喝一杯淡茶并小睡

"地里的事情等着我
有几只小鹅,一冬没吃到青草了
需带它们去田里找一些
要给菜地去换土,种点和去年不同的蔬菜"

似春雨淅淅沥沥滴在屋瓦
——小雪粒下着化着
可以一转头就看到小植物们隐隐地绿着了

凌空处是何种物料的坚实做了楼阁的依凭
越来越多的人移居于高处
我想返场于紧贴地面而建的一个房子

190岁的白杜树

从它的枝叶下走过时
心瞬间变得宁静
想起它在70岁时迎来我外祖母出生

完整地陪了我外祖母一生的不是某个人
是这一棵白杜树

一年仍然是四季，仍有健壮的布谷鸟在飞行中死去
昨日深夜醒来，屋外暴雨如注
想着即便是寻常平凡的生活也有艰难
幸有一间坚固的房子与我互相收留

是谁携此我来到此地此时
明日之我与此我何时相忘于山河
何物唤彼我念出短语——此我微不如物
与外祖母有过当面的告别的白杜树
你看到一个小女孩的出生
会走路了会在你的树根下游玩、挖土
你的枝叶接触着她，现在，是我来将你怀抱

荠菜和苦苣又长了出来

荠菜和苦苣又长了出来
我新买了一本谈论野生植物的书
感受有它们的田畴是丰富的，我一次又一次
弯下腰辨认着它们

其他种子以此确认可落地生根
碎石小路的缝隙、杂草稞里
它们以自己之在指引人类可辟此为居地

眼前一朵花的种子是成于去年
还是深埋了很久才发芽
蹲根而生还是随风飘移来此
它们总能等到一个成为茂盛根株的时刻
这是温柔的有无数坚强生命来汇合的节气
春天的美让人沉迷

出九的茶山

去看出九日的茶山，去年此日下了一场小雪
今年此日是晴天，从茶树上摘下星星点点的芽尖

炒出来更细小更青绿了
最初的春天在这一杯浆水里
不舍啜饮,举着看气息徐漫

明天往后,在山上住下来
住到春分、清明、谷雨,一座春山是茶山

寒冷冬天里一篮发育于自然生长的萝卜和白菜
从秋天的田野带过来,冻土很深,蔬菜贫乏
那时候的快乐就是手边的一杯热水是茶水
春天的汁被保存在茶的叶子里,而窗外大雪纷飞

陪着我们在一年里每天都怀有一个希望的事物
是轻的,去说出它就重了
它是轻的,易于隐藏

在早晨太阳初升时——它是走了多久才被我看到
黎明的光线里,我走在一坡茶山上
——你是过了多久才知一坡空山已是茶山

太阳花

这是我喜欢的早晨,花开了
泥土中随意插下的一茎枝芽

自初春而夏密缜缜地生发,花面就是佛面呀
这变化的踪迹连起来像一句经文从空降落
这一粒种子是被谁的手谦卑地埋下
而后凋落——

这是我的悲伤,收起来,卷一卷,封实
秋天到了
我无法分担的凉寒,行人裹紧衣襟纷纷在暴风雪前回家
这是一个涩滞的长句,需要艰难地拼写
读出来的音调或扬或沉只少平和

词隙间吹过了碎石与风沙
——愿我的一个亲人,只是一株太阳花在经历越冬时的枯萎

今天是一剂良药,钻入泥土休养后会再行生根
再次浮出地表——你会安好地复原

社　区

每天从家里去市中心,有时骑车有时步行
一路很好看,树木、花朵
雪雨云雾交替着加进天气
社区门口有一个蘑菇形帆布大伞罩着的小店
供卖饮品和零食

有一次我停下来想买一杯水
看到售货的中年人在露天的长椅上睡着
我理应轻手轻脚走开
可她仍是被我唤醒
这是一个过了很多天我都记得的下午
她的睡椅边堆着荸荠和莲蓬
四月里本地的小樱桃,寒天里支起火炉炸肉丸
小店的一半是理发店,从十七岁学习理发的人
三年出徒迄今又十年
钉子一样钉进一个六平方米的小门市
不再拔出来

蒲丛 的诗
PU CONG

恰如其分

我在小卖铺的一小截时间里读咏春诗
读给花花绿绿的瓶瓶罐罐
读给窗台上的文竹和绿萝
也读给踩着猫步进来的小狸花
门外一家新开的店铺正在挂牌
它恰好有个好听的名字——
巡蜜时光

诗

天色阴沉
琉璃瓦上是昨天的雪覆盖着前天的
远处的楼宇在雾中若隐若现
如同刚从一场梦出来又进入另一场梦
要怎样才能扭开词语的旋钮
抵达对岸的红房子
这是我现在要努力的
不能仅靠着声音去辨认你
也不能从词语中想象你
我要拨开云雾
从特纳格尔街走向人群中
走向烟火中,走向那堆带泥的萝卜
我要不停地从虚幻与现实中转换身份
确定会写出一首好诗

雾　凇

那是一条幽静的小路
树梢上挂着我幼年斗篷的毛边
总在半明半暗时，送来风的耳朵
并邀请我一同踏上那条路
用嗅觉去聆听
另一个世界的铃铛
在抬头的瞬间坠满了枝头
我确信这就是爱
是你的密码
让我进入小人书的童话

当晨曦来临，光的子弹穿透雾霭
纸上的情话像失效的显影液

惊　蛰

新雪里有你说话的声音
我嗅到一种柠檬味
从心间迸溅
像触到了地雷的引信
绕过高频的防御系统
脚步急速飞驰
太阳从一片浅灰色云里露出半张脸
仿佛你的召唤解开了河床的封印
并带我走向春天

菩　萨

请继续站在高处
让我仰望
在黑夜这块海绵里
我仍保持着爱的信仰
匍匐或者跪拜
请继续飞行
把加持的力量注入我脊梁

我不在低谷
我是行道树中笔直的一棵
那些挂满枝头的灯
是我眼睛

语　言

有时语言显得多余
空气拉开距离
像牧羊人那样
用无形的鞭子纠正道德
昨夜的雨雪消失了
太阳的笑容抚过我的面颊
光从玻璃门窗斜插而入
落在纸上，落在半阕诗上
那些未道出的语言
有时是粉色樱花
有时是火药
歧义的鱼钩在涌动的河里

春分日

如信徒般虔诚
并保持着纯净、宁静
从清晨到夜晚
从发丝到脚趾
仿佛净琉璃世界
才能安放一颗爱你的心
这是春天赐予的一块多棱镜
我在这面镜子里找到失踪的我
她年轻、健康、美丽
集一切对美的向往
当春风点燃了春的火焰
你深情的诗使我获取春天的密码
并在我小卖铺里看到
绿萝的枝蔓正挽住了文竹的细腰

只有黑暗可以拯救身体里的黑暗

夜晚像个大口袋
街道上最后一盏灯火被摁进去了
连同我的欢欣和悲伤
夜晚也像一个药罐
它收纳了上百种药剂
当身体里的黑洞被消融、治愈
我又可以提笔写诗了
春风啊,你要把南方的好天气
好景色依次带给我
带给一个坐在窗户边上的人

默问 的诗
MO WEN

约 定

好久不见
你来的时候别忘了带
一块黑巧克力
吃掉一半
剩下的给我
我知道
你也只有那么多了
我会把苦涩
咀嚼出芬芳
你知道
我也只有这样做了

万物有灵

母亲走后的第一个生日
我去了她的三楼
哥嫂忙着煮面
姐姐在里屋掉泪
客厅里的吊兰
垂下长长的茎叶
母亲为什么不赐予我悲伤？
面对没有她的空屋子
依然无法酝酿
一丝悲伤

吃凉面时
耳畔回旋着仍是她常说的
多放麻酱
多放麻酱

悲伤太奢侈了

我的诗
通常控制在十行之内
如果悲伤真的来了
它一定会隐藏在我的长诗中

二十行之外
碰到哪儿都疼

静坐记

这是个安静的清晨
听不到鸟鸣
更没有叫卖声
此刻
适宜泡一个冗长的澡
翻腾些旧书信
对着镜子看上一小时
或者
一遍遍擦拭干净的家具
把地一拖再拖
而我
什么也没做
只是对着一面墙发呆
把该做的事一拖再拖
该说的话一拖再拖
该爱的人
一拖再拖

小城故事

我们的母辈
乘凉的方式只能是光膀子
她们插上门闩
把奶子掀起来
那儿最容易生痱子
没有月亮的夜晚
更加恣意
吹灯拔蜡后
晒热的温水
一盆盆当头浇下
她们看不见自己裸体的样子
她们也不关心自己裸体的样子

叶　子

叶子之间会不会有爱情
雨水刚好擦亮它们
阳光也毫不吝啬
在一棵巨大的梧桐树下
我看见
那些带着万丈光芒的叶子
正在跳华尔兹
有两片，趁机黏在一起
其余的，和人类一样
只知道一味地鼓掌
为所有的在一起
欢呼

人　间

我和母亲并排躺在床上
她沉重的呼吸
无力地低咳
我轻轻地扳过她的身子
她的手

软绵绵地
搭在我的腰上
面孔因痛苦变得狰狞
我的母亲
恍惚中,一遍遍呼唤着
她的母亲
这使我愈加难过
她的母亲
在天堂上安眠
我的母亲
正在人间遭罪

傍晚或者半夜的特大暴雨

又一个母亲死在废墟中
她双手呈托举状
像一尊菩萨

神龛里的佛像也被压在废墟中
它那么瘦小
像一具弃婴

光

当我发现快乐的意义
当我突然幡然
我安静
如一粒尘埃
有光时飞舞
饿了
就吃光
黑暗对我
束手无策

立 冬

窝在家里
看大雪纷飞
一个男人去敲邻居家的门
时缓时急
我趴在猫眼上
看他
他始终没有回过头来
他不知道
对面
有一个女人
已悄悄拉开了门闩

诗

每次有人问
你怎么走上了这条路
我就会想起十五岁、十六岁、十七岁、十八岁
厚厚的手抄诗集的少女
追溯到小学时光
一个抱着唐诗宋词日夜啃食的
小女孩
我颠沛流离的前半生
诗并没有缺席
也没有背叛我
她只是
替代母亲
在坠崖的一刻
拉住了我

新年礼物

八点零三分
我已经把屋子里所有叫作灰尘的
物质
统统抹掉

当然我并不会
赶尽杀绝
豢养了几个长得好看的
让它们在房间里
飞

纳兰寻欢 的诗
NALAN XUNHUAN

松　坡

在一处无人的山坡，松林里的开阔地
薄薄的松针上，半躺下来
滚烫的阳光，在林外浮动、荡漾
一丝风声也没有，一声鸟鸣也没有
蓝天上飘着云朵，松树上挂着松塔
远方的人，去了远方

三月三日康复科夜思

风不停刮的清晨
雨不停下
同样的山
同样的路
曾经暴露在同样的黄昏下
深夜的氧气瓶里的咕嘟声
左边是病床
右边也是病床

打电话

有个人给我打电话
说了好多好多
我不感兴趣的话

为了表示尊重
我一直嗯嗯嗯个不停
就这样他一直说
我一直嗯
不知道过了多久
直到我忘了他是谁
他都还没有
挂断电话

蜡 疗

我突然张口
咬了这世界一口
之前
我把她留在小房间
等做经颅磁
而我现在躺在这里
脊背压着蜡块
颈部也压着蜡块
我压着两块蜡块
突然咬了世界一口

零人所在

漩涡群又一次
被青春解散
但我这边
还能看见它
里面还有我
未删除的信息
它现在是个
零人之所在

过 去

过去是一只折断了翅膀的小鸟
彻彻底底狠狠地摔在了

坚硬如铁的大地上
但过去依旧在飞
飞起来的是过去的羽毛
那些轻若无物的鸟毛

间　隙

我希望你就这样
一直保持入睡
我希望时光停顿
女儿刚回酒店
护工的鼾声刚起
邻床的监护仪
嘟嘟嘟不停叫下去
透过你痛苦的间隙
我看见我们的过去
就在过去

我们的那些相处

我们的那些相处
随着时间的推移
有的越来越明亮
有的越来越暗淡
明亮的部分
总在我暗淡的时候
照耀着我
暗淡的部分
总在我明亮的时候
使我黯然神伤

山茶花

清明上坟
顺便去看看二太爷爷
他没有后人

生卒不详
也找不到坟墓
在一块
一尺见方的石头前
我们烧纸，上香，放鞭炮
临走时
女儿欢天喜地地
折了一枝山茶花

无 题

他们带来了梯子、桌子和斧子
我感觉他们就要对房子进行大修了
我仿佛看到了修好后的房子
在阳光下闪闪发光
可是他们只是
一个站上桌子
一个爬上梯子
一个递上斧子
往屋顶钉了一颗钉子
便离开了

风吹空椅子

风吹着空椅子
在山间，在流水边
一位来山间看流水的人
为了让风只吹着空椅子
他坚持不坐在上面

栀子花香

你说那是栀子花香
后来又说不是
浩渺星空下
有人从围墙外走过

又有人从围墙外走过
那年
气象站的夏天
是全县最好的夏天

他们已经好几天没有说过话了

她喜欢靠在他身上
看太阳从山顶
滚落山脚
炊烟从邻居家的烟囱
伸到天上
月上三竿时
牛嚼青草的声音
猪拱圈门的声音
比夏天的炸雷
还要响亮

弃子 的诗
QI ZI

痕　迹

无尽的路途，像伸出
一只手
多数时候
我们是在抓住，或轻取
又随即松开
一次漫长的采撷
或一次告别（一只手
难以言喻的总和）
而告别，也是在
抓住什么。不得而知
我们经历着
一只手要经受的事
而后才在这来临的隘口
知晓了其中秘密——
一种烧灼感
正穿过手心而来。

深　冬

阿楠在调试卡林巴
一种源自非洲的拇指琴
调音锤时不时捶打在
一个琴键上
生怕又误弄了另一枚音符

就在这深冬的夜里
这样来来回回敲打着
不时放下手中的调音锤
小心翼翼拨动起来
我在另一个房间里
听出那是她用并没有
调好的音
弹着一个生硬又熟悉的序曲
口中还念念有词
这该怎么形容呢
拥有一件自己的乐器
是多么困难的事情

雨

雨打在瓦楞和窗台上
变成一阵一阵的
躲雨人跨门进来时
身上也是淅沥的雨声

这是晚餐后的一次闪电
拖着虚弱尾巴
像在为一只没有
归巢的燕子守灵

而我们在安静诊所里
不愿谈论些什么
任由沉默偏斜了
心头的一阵雨

窗

梦里因什么与父亲争吵
仿佛亲历,反反复复
当他变卖掉了铁皮船
而那时我正考虑着
辞掉手头收入微薄的工作。

这一切都来得如此突然
以至于言不由衷
言不由衷地争吵
在厨房之中。
然而我分明看出了
父亲身后那扇
陷入陈年油污的窗户
像从未如此擦拭一新——
一片夜幕初降的三角洲
正栖于窗外——
没有新月垂注
但我能感到这充盈的
形象中有我
它像是为谁而活着,从未
如此擦拭一新

在十一月,也像在五月

每一种独处都长成了一棵树。
我见过一匹马的身影伸入那枝丛
不远处
是无声无息的湖面

我见过这样的光与影
这光影里有艰难存活下来的事物

柠　檬

衰老,并不能挽救什么。
你要适时回来
路过一片柠檬园
一如薄暮中,有人喷施除虫剂
为那些遭受病虫害的果子
　"因为柠檬转色期,
胜过最后的成熟。"

黄 昏

黄昏有一道桨声的重量。
当我们驱船在海面
窘迫中，杜米重又提及一个事实
"或许光写诗是不够的……"
他的话语显得意味深长
像熄停后的船身
正朝着最后一道浮标缓缓划去。
而除了"我们"
驳船更多承受着自身的摇荡。
"诗有诗的理由，
就如我们一同置身在这海上。"
他开始试着拉动那根
在水中浸得发黑的尼龙绳
它的一端仿佛被暗礁扯住了——
就在一道极其微弱的水声中
我们开始捕获

即 景

空气中并无振翅的响动
而鸣啭不时传来。
贫瘠的山巅下
隐隐可见退耕后的谷地
一道难辨的夕光
已将白日渐短解冻成微风
掠过林地——

鸟的鸣啭声中
容得下一整片眼睑白的天空——
如果我视自己身上也有过
某种领会
我认为是这倾听
像带起自身的泥泞
穿过雨后如新的荒野。

韦可 的诗
WEI KE

倒立的大海

深蓝的天空一定是大海
倒立的大海
白色的云朵是海的浪花
荡秋千的我
像在海里畅游着
天空会落下鱼雨吗
我想骑着鲸鱼,像骑马一样
飞奔过大海的草原

我爱你的最高境界

我爱你的最高境界
是握着你的手
睡着了
还梦到你

狗的想象力

当主人第一次给狗的脖子
拴绳子时
狗在想
这条围巾真好看
又长,又细,又柔软

手抓的好吃

吃小笼包
我不想用筷子
用筷子夹
没有手抓的好吃
手抓包子
可以捏一把
软软的
热热的感觉

关　系

我生病
连累我睡的床
成了病床

春天藏在刀子里

今早6℃
寒风像刀子刮我的脸
这是春城吗
这是春天吗
春天怎么可以藏在
一把刀子里

清明节

纸包不住火的
纸是
忧伤的纸
火是
思念的火
一缕烟
那是
今夜的悄悄话

不如小鸟

声乐课上
老师指导我
要像小鸟一样发声
清脆悦耳
婉转动听
为此
我苦练了三年
还是不如
没上过课的
小鸟

孤　独

这里只有区区一个人
这里只有区区两个人

两个不说话的人
比一个人显得更孤独

公交车开走了

你看
公交车开走了
满满一车人
装进夏天的箱子里
投一枚硬币
咣当一声
车子就可以把他们
送到
想去的地方

搬　家

爸爸最开始
只是一个人住
第一次搬家
搬出了妈妈
又搬家
搬出了姐姐
再搬家
就搬出了我

看电视的一天

我看了一整天电视
电视也看了我一整天
我看见电视里
人来人往
电视看见我
孤孤单单

妈　妈

在梦里
她好好的呀
为什么醒来
就变成这个样子

莫诺格的诗
MO NUOGE

"也"字的一种伤感用法

下雨
是一瞬间的事
爱欲
也是一瞬间的事

回想这几年
我与你之间的博弈、争执与性
大多数就如眼前
这场雨
来得匆匆,去得也匆匆

我们闭口不提
"爱"这个字
似乎反复提及
便会假戏成真

这场角逐游戏没有输赢
也没有看客
我们是彼此唯一的玩家
游戏开始有时候
也是游戏的结束

关于我的：秘密或者其他

正在策划一场逃亡
关于我的，而不是你的
或许这是一种自我放逐
那片从未涉足的土地

眼睛先于心脏爱上你
和你的一切
格鲁吉亚
四个字在嘴巴里弹跳
比蚂蚱更灵活
实际上，关于这场逃亡
我未曾透露一字
想象中的草图遮盖了原初的
分享欲望与你那张
在黑暗河流旁
依旧隐隐发亮的脸庞

互道晚安之前
你笨拙地画了一只螃蟹给我
你说
它会带着我远走他乡
我拉上窗帘
月亮正在
缓缓下沉

后来我不再喜欢蓝色了

我有个哥哥
不是亲生的
他是我认的哥哥
他最喜欢的颜色
是蓝色
我曾经
在房间
涂满蓝色
窗帘、沙发套
都换成蓝色

并且坚持写字
只用蓝墨水的笔
前几年他结婚了
我想过
要不要
开着一架蓝色的宇宙飞船
超越光速
回到他结婚的那一天
在教堂神父问
有没有人反对的时候
站起来
大声喊
"我不同意"

I wish I could be like "It"

一个
被人遗忘的
房间里
有四把
被人遗弃的
椅子
两张白色
一张黑色
剩下那张椅子
是米黄色的
也只有这张米黄色的
椅子上面刻着
一张笑脸
它似乎对被人遗弃
这个事儿
满不在乎
甚至还挺开心

Изтебяпесоксыпется

说这句俄语的时候
他正在一条小径急走

很大的花园。天黑黑。云灰灰。

电话那头的她
与他跨越了至少四个时区
路灯亮着,他的影子孤单单

他用英语解释:
"Sand is pouring out of you"
(沙子从你身上倾泻而出)
他说,俄罗斯人经常用这句揶揄一个人的衰老
她在另一个时区笑了笑
说,这其实很浪漫
(她想,这份浪漫抵达他那里
至少也要四个小时)

一种境遇,而不是一种垄断

海不是一个立方体
至少不是我记忆中的画面:
台风天,和风一同钻入
你身体里
在毛细血管游走、流窜
那些说不清道不明的情愫
如同深水区的海草
向着你所在的岸
无尽延伸

新体系
——写给桉予

她说
可以爱
但得爱一个
离不开你
并且接受你全部的人
这样爱得更保险
不然会爱得提心吊胆

爱得寝食难安

她在说这番话的时候
我正穿过一片寂静
黑暗里,有什么东西正在
往下坠落

至少失眠不是一个抽象词汇

在中山公园散步
路过一个大湖
听见鸟叫
这是一种指示
如同今天淋浴前
蓝色的毛巾从左边落下
红色的毛巾自右边
下落
我在两种力量的角斗中
夹缝生存
拼命思考一个现实问题:
究竟要如何重构
我的
生活秩序?

在成都:一些碎片

客厅亮着三盏灯
穿过一个卫生间,两间卧室
靠里面的卧室也亮着一盏灯

几天前,点的一盘蚊香早已燃尽
点香的人先是去了上海
后来又辗转到马鞍山

拜访完前辈后,再次回到街上
刚出门不久便再次嗅到熟悉的
槐花香

隔壁屋的室友，东京住了五年
打了几次照面，话没说几句
一次把他锁在门外
另一次被他锁在门外

夜里十一点：
设置了早睡模式的手机自动关机
素食主义者奔赴下一家面馆
小区旁的小吃店
坐下。点了一碗青椒肥肠炒粉
油腻到难以下咽，囫囵了几口
起身离开，敲醒睡着的看门人
他在开门后，用成都话提醒了我两次：
开门要1块钱。

中秋节前夜，她在卧室的镜前呆坐

用手去抠
下巴上冒出的青春痘
（现在是半夜00:43）
良久，移至锁骨处
动作进一步具体而大胆

这是一具年轻的肉体
她思忖。从嘴里吐出半块虾皮
旋即又打开风扇
开到最大风速

竹丫子的诗
ZHU YAZI

不 独

我为一座山命好了名
就叫"不独"
每当有人看见它
我都会骄傲地向人介绍
它叫不独
它叫不独哦
我还会耐心地告诉人们
不独是哪两个字

虽然
至今没有人问到我
虽然
我还没有找到
这样一座山

我甚至不知道
它
是否存在

邀 月

我告诉过你
月光是曲折的
它翻过一户人家的牛栏

在别人的酒杯中转了一圈
还有可能
多次在山中迷路

它被一棵树的枝条绊来绊去
最后
才出现在你面前

它东奔西走
又恍如静物
用窥探过很多事物的眼神
纯真地看向你

瞅瞅月亮吧
这世上
哪有什么风尘

我怎么能安于现在

哪里有什么青春呢
跟镜子外的影子走远了
跟养过的野猫跑远了
跟一条干涩的河流漂远了
时光萧条
一个人拥有嶙峋的中年
再正常不过

一片雪

一个人在冬天
很容易陷入虚无
可能是北风扬起飞雪
在你和世界之间
立下一面屏风
那边走马灯
那边又起了高楼
那边发令枪响梅花疯了冲向枝头
而这边

只有一片雪
慢慢落下
生怕
给这沉重的人间
增加负担

冬雨下

1

雨将树叶当成木鱼
有一下
没一下
漫不经心
敲出些冷
这几片树叶呀
那么老迈
好像随时要掉下来
好像
一直不会
掉下来

2

雨水从黄昏开始落下
与灯火混在一起
把城市分割成无数镜片
有的地方闪光
有的地方暗下去
擦肩而过的人模模糊糊
好像下一秒就会
融入一条
暗巷

3

好消息是
近日将会有雪
把棉花遗失在秋天的白

带回来
你窝在心头的小鸽子
正需要
披上这样干净的
羽毛

最轻的东西

它压过牛粪
压过野花野草
压过一条河
压过石头的头顶
逐渐往上
压过一座山一朵云一只飞鸟
却并不使它们改变

春天呀
其实
是最轻的东西

夏　夜

从黄昏开始
你的世界慢慢收拢
远山
公园
白天走过的路
北面的河流和前方的庄稼地
被一一折起
折成一个盒子
天空下垂盖于其上
夜晚就此来临

你在盒子里庆幸
还有风
和犬吠声被遗漏
它们是自由地
稀稀疏疏向你传来

苏历铭的诗
SU LIMING

培田村

今天没有观光客
我一个人主宰着村中的窄巷和水渠
想象自己是南山书院的学子
准备长途跋涉前往省城赶考
高中金榜。在朝廷的恩赐下
获取光宗耀祖的功名

而一群理想主义青年选择另一种方式
他们曾在这里集结
在死亡的威逼下,开始信仰的长征
英雄们已化为泥土
土豪劣绅正悄悄复活
水井布满暗绿的青苔

灰色屋檐下
悬挂着众多的竹筐,劳动者
背着它们收割稻谷
一位祖母说着听不懂的客家话
把我领进他的庭院
明朝的雕梁画柱,让我明白
她是这片土地的传人

寂静的下午
我不断看见水田中浮动的鸭子
彩色的鸡,和摇着尾巴的黄狗

而消失的脚步，那些改朝换代的草鞋
一直踩在我的灵魂之上
我隐隐作痛

黑猫酒吧

裹着厚重的外套
你从外面风尘而至
不断用哈气暖热自己的手指
生日快乐！在寒风刺骨的回龙观
我说出自己的祝愿

一生醉过无数个夜晚
今夜不想再醉
以茶代酒，轻轻碰杯
绿茶的热气迅速遮蔽镜片
我们没有擦拭
不想看清黑暗的角落

空无一人的酒吧里
两个穿越理想主义的幽魂
慢慢盘点手中的牌
在生命的戏台上，似乎无牌可出
直至膝盖开始抖动
始终没有找到光明的出口

凿壁偷光
把自己置身于隧道中
却忘记带上结实的锤子
在精英遍地的年代里
我们怀念英雄

不断和自己搏斗
伤痛印满肌肤
心中装满尘世
即便坐菩提树下
袈裟无法裹住身体

今夜寒风刺骨
我帮你捡拾丢在地上的围巾
发现上面挂满结冰的水珠
不由得怀疑，你赶路的时候
已经大哭一场

零点以后

零点以后
街边的摊位边
光脊背的汉子开启瓶盖
啤酒的泡沫泛出杯沿
滴落在黝黑的粗腿上
他们高声交谈
隔得有些远，听不清交杂的方言
隐约听见有人叹气
然后喉咙的抖动
几只空酒瓶翻滚在水泥地上
发出跌跌撞撞的声音
我知道，现在已是凌晨
绝大多数人安然入梦
不会想到，一群从不被正视的人
此时有些忘乎所以
不再躲避审视的目光
经过发酵的啤酒
来自他们耕种的粮食
现在重新回到他们的体内
忽然决定离开
把黑夜全部留给他们
我能做的是悄悄替他们买单
让他们散场时
心里暖一下

秋 千

往前荡的时候
男人把腿伸直

往后荡的时候
女人把腰弯曲

往上荡的时候
有人仰望天空

往下荡的时候
有人藐视万物

荡来荡去的时候
人们抓紧原本要挣脱的绳索

停止的时候
用脚试着触摸大地

下来的时候
自由已经远去

王小拧的诗
WANG XIAONING

一只狸花猫从窗口跳出

所幸这是一楼
防蚊纱窗已经局部破损
被推开一条缝
它外出觅食
接受好心人的投喂
然后
再从窗外跳回
现在是11月
它对贴在大门上
9月的水电欠费单
无能为力

192

谁给一个
空的行李箱加了密
这难不倒一个
爱捡东西的科学家
他说
只需要一点时间成本做交换
三位数而已
用穷举法破解
从000开始
他啪嗒啪嗒开始解密

啪嗒到555的时候
我在网上找到一个故事
一个1992年的年轻人
急着搬家
发现新买来的行李箱打不开
他把它带到垃圾站
留给有时间的科学家

神秘饭店

高德地图上
搜不到那个饭店
靠近外滩
门面隐蔽通道悠长
落地大玻璃朝向黄浦江
餐台大转盘缓缓转动
菜品精致考究
诗人们开怀畅饮
谈兴正浓
杨黎说
能不能来点咸菜

心　愿

十三老家屋前挡着一户人家
他父亲当年的心愿把它买下
改为小园
直到他父亲去世
那里还住着一位老太
老太的后人都住在城里
后来老太也去世了
十三还惦记着他父亲的心愿
今年春节
我看见那里有一个小女孩
在楼梯上奔跑
两根小辫子在阳光下
一跳一跳

偷菜记

这些菜一看就不是
来自超市或大棚
它们长相狂野
大小不一
密实粗壮
沾满尘土和落叶
它们来自附近工地
被人遗忘的小块菜地

它们意外地好吃
一炒就软
连梗也是微甜的

一把黑伞

画家胡顺香
撑一把黑伞
上了一辆出租车
她没有收伞
那张精致漂亮的脸蛋
一直藏在伞里
车厢内
很安静
只有导航指路的声音

红气球

大阴天
水泥高架桥下
更加灰暗

一只鲜艳的红气球
落在马路中央
它像一句响亮的口号
指引我快速接近

我要赶在汽车之前
碾压它

瓶安路

锁紧脖颈
多好的路名啊
我自言自语
开着车的十三问
瓶子的瓶吗
我说瓶颈的瓶
十三问
平静的平吗
我说瓶颈的瓶
十三问
平安的平吗

鱼　塘

从高楼走廊的窗子往下望
可以看见
一大片平静又光亮的鱼塘
白鸟在水边上驻留
或滑翔
那天
他们绕过稻田、村庄
和围墙
来到无人值守的鱼塘中央
指着高楼的某个窗子说
那是我们的家

脸　盲

在小区的篮球场边
我和两个小姑娘打招呼
一个在打球

没有注意到我
另一个看上去有些诧异
我说
下午你们到我家撸过猫
啊撸猫，我当然记得
她说
很抱歉
我是个脸盲

张永伟 的诗
ZHANG YONGWEI

灯与雪

雪不下了,酒还没喝完。
冬梅说,她是春天的礼物——
母亲回来看我,还有
让我少喝点。

等待母亲的时候,我
在看日本电视剧,
一个穷漫画家努力奋斗的
故事,大约哭了十几次。

母亲,不,是雪
一直在玻璃门外,我知道
她不舍得离去。
就像我前几天看过的

一部小女孩儿能看见
鬼魂的电影,对,
韩国的,也是母亲不愿离去。
其实,我也常常在照镜子时
看到身上的父亲——

他并没有离去。
"我是你的眼,亲爱的"——
茨维塔耶娃这样写。
雪又下了起来,在

灯与雪,梦与影之间。

垃圾桶

我在读《圣经》,
又走神了,对面的
垃圾桶,变成了
四个巨人:
红黄蓝黑,比三原色
还多。

它们涂抹世界,
带着腥臭,和
即将降临的苍蝇。

刚读过米丁发的诗句:
达人杯酒中。
我刚刚喝过酒,
此刻,在当世,
却无法释怀。

我继续读,像里尔克
那样,却没听到天使的
预言。对,
我们就是天使。

还有对面捡垃圾的
老人——
他重新把巨人
变回垃圾桶。

悼素梅

太阳噙住的泪水,还是
落了下来。那一年,
同学会后,你、我、刘新红
在小镇上寻找羊肉汤——

热腾腾的树,和
那水雾中的笑脸。转眼
已到了告别的时刻?
这混乱的,让人心梗的世界。

是的,已很少看到
苹果红的脸了,大家都
隐藏在各自的疼痛里。
你说,诗人,也给俺写首诗吧——

没想到是此刻,用
蘸满雨水的树枝与风,
在虚无中。我想起和女儿
一起看过的动画片:
在有人记起你的时候,
你依旧在鲜活地生长。

在千云栖宿酒店喝酒

不知道在谁的身体里,
她忽然醒来,像
后山的杏花。

石头与铁轨不语,
我们感叹春天的短暂,
迷失于各自的油菜田。

吴冬说,无所谓——
开心得很。怀金说,
谁不喝,是个驴。

酒杯:词语已获得自由。
她们遇见了猛禽,抓
走怀金共和国那个。

喝吧,这些多梦的异乡云,
牡丹也举起花盏。
她忽然哭了,像乔尹斯笔端,
下起了大雪。

不倒盏村
——给王延风

沿途的萤火虫，
警告星光，
她说，你的身体
已经虚无。
千云栖，让我想起

洛阳风，与凤
二十年前，酒中海棠，
与傲骨。

久不喝酒的
杯盏，今天，在春分后
的另一天。
不倒盏，在早已

没落的杯盏，与
从未自由的今天。

落地窗
——给吴冬

说了那么久，原来
欠了一首诗。
就像欲雪的时刻。

落地窗外，有
很多人的梦。米兰
与牡丹，王秉乾。

桌上的同种异体骨——
我们谈谈灯带。
童年的小床。
你与三门峡。

问题的黄河，比黄河
多了三分激情，
一池酒花。

岛吉嵯木 的诗
DAOJICUOMU

萨布让雪后

雪下满我的眼睛
山冈与村落,以及人兽
都被压成一片巨大的白

秘密们都开始了寒冷的沉默

夜游圣湖羊卓拥措湖畔牧场有感

夜色里走来的星辰,它们将微弱的
光芒泻在沉静的湖面,荒凉的山坡

那些泛着白的许多羊子,像是山冈的
真正主人:梦着无垠的绿草,甜美的河水

而刀刃冰冷的喘气声,随着
阴风从山坡下阵阵吹来

乌云齐刷刷压来

乌云齐刷刷压来,墨竹增村
倏然失去了光洁的身姿
古寺墙角的老游僧
迅速把头缩回了皮袍

少顷,雨带着闪电泼下
卧在村外草地的牦牛
漠然地反刍着什么

血月之夜

地上一片静默
天空的胸口
挂着一粒巨大的血泪
还是一枚
红色奖章

春　梦

从神山飘下的
雪
被暴风追赶
白色鬼魅
占领了大地

冻土之下
去年的
草芽
做着
春梦

垂天之云

牦牛踩着
垂天云朵
那黄色
让整个
山下
大惊失色
忽隐忽显的

黑色
让群山奔跑

星　空

小时候，看着
满天眼睛
以为是一群天使
在关注
我，和我的
牛

兆　头

那只猫头鹰
是在我出生时
出现的
——他落在帐篷
天窗
观望了
很久
我生下后
"哇"了一声
他就飞走了
从此，他成了
我的某种
预言
时时被家人
提起

啦嗦嗦

总看到群山
披着银袍
用风声
咆哮

用雪
喷着夜
在春天
在雷霆中
它们暴怒的
样子
令我从小
就知道
必须呼叫
"啦嗦嗦"

转　山

去岗仁波齐的
路上
波啦一直
不知疲倦
手里捻着念珠
口中诵着真言
他不需要
任何器具
或者助力
我追着他
手持山杖
急行——
黎明时分
到了神山之下
看着金色圣颜
和泪流满面的
信徒
终于
知道了
波啦的
秘密法器

张朗 的诗
ZHANG LANG

捉迷藏

"藏好了吗""藏好了"
游戏秘密在这持续的
一问一答
很多时候,我们暴露自己
只是为了知晓对方位置
但这一次,故乡提高了难度
它一声不响,藏在春雪下
时隐时现。已是清明
雪落下来就裹挟在
庄稼地,在房顶,在日渐矮小的群山
当驱车快到达时
突然它就找不到了
你难以开口问一句
它也不会给你清晰回声
你还能问谁呢?
沉睡的先辈,浸湿的李花
还是刚融化成型就消失的水滴
整整一天,齐岳山的雪还没化完
你直到深夜,才想起它在哪里

梦呓问题

百科说梦呓是一种睡眠障碍
世界只记住加速与涣散

障碍之必要啊，这轻微停顿
这突如其来的话语
我有过被梦话唤醒的经历
"所有器物都没有依靠，
而幸福不过是悬空的模具"
梦境中一遍遍呼喊
没来由，醒来后的茫然
空，以及一点点刹车声，猫叫
犬吠……慢慢填充
这算不算夜之梦呓？
随着一帧一帧天明
逐渐具体起来
有些留在了前面
还有很多事要继续做
清晨，女儿在睡梦中喊爸爸

阵　雨

混合着空调外机滴水声，难以
辨认开，除非让它多下一会儿，节奏感
会慢慢失效。抑或是，直接看向外面
起身来到窗边，烈日下
飘浮起一层层时薄时厚的云体
门罗已经走了，我们却还回旋在
她的逃离中，那个雨下得没完没了的夏天
这个地方，这个夏天的雨不会没完没了
没看见人们因临时变化带来的狼狈样
他们在做什么呢？雨，下得有点
心不在焉，还不等写下一行
就停了。为了不让更多雨水停在身体里
得尽快回过神。此时玉兰开得清晰
一旁的柏树，瘦巴巴，黑黝黝的
像是没了生气

矿山枯坐记

等待，也只有等待
那个清早破门而出的人

再也没回来
他曾用洗脸水
浇灌的黑花
在这个春天枯萎
春天，擅长制造枯
我坐在不相关的地方
面对群山葱绿
有说不出的言语
有废弃的机器
也有清明后不远不近的白花
我无法看清它们浮动的样子
我知晓，这里
早就有食人的传统
那个未归的人
想必有自己的去处
我不认识
无法分辨
我只能这样坐着
用想象完成一个人的地下示意图
或者，什么也不做
等待，也只有等待
那个黄昏破门而入的人
我坐着，就是枯木
电线上长久陷着两只鸟
像两粒眼睛
盯着山，盯着这些不相关的人

东湖速写

最孤独的骑行者，在天上
那些年，我们通宵饮酒
练习滑行，在湖边
滚动坚硬的词语
生手刚经历撞击之险
我尚有山里人的警觉
蝴蝶，还在舞动诱人的腰肢
一个转身，时间
让骑行术失了效
只有湖水不息，放下单车

独自在湖上小坐
水波一会儿聚集,一会儿散去
四周幽灵呜咽不止
一个恍惚,明月早已划过头顶

栖霞山记——与天澍

我是在鄂西山地
想起于栖霞山的困境
两个探寻神道之人
不得不承认
有到不了的地方
有命运的抉择,而非相反
一个扎进两古
一个早早陷入生活漩涡
对同一尊石兽
感叹,围绕它
受困的身体,转圈
打量不被确定的命名
它们分布山的不同侧面
就像我们为守住心中那块空地
而不得不分立各地
此刻,我在武陵山
不知其名的山脚
在想那个曾把电动车停在南朝田坎的人
又把车骑到了哪里

初雪虚构

时间一点点换掉质感
整夜疏离
还在继续滑行
到外屋,一饮而尽暗涌的水
另一种形态去了别处
这之间的转换,几乎不被知
窗外有几面屋顶尚未醒来
洁白如拒绝
构出县城的第一场雪

如果我倾力惊喜出来
墙另侧的你
会不会,拉开窗,惊喜地看一看

在恩施公墓

低下头来吧
想一想,自己生前如何活着

平一平视线
四周落满名字

如果仰着面
你会看见,燃烧中巨大黑烟
升向,没有天空的天空

黄浩的诗
HUANG HAO

大雪与鸟窝的哲学问题

大雪击落了一个鸟窝
里面什么也没有
大雪压垮了一间草屋
里面爬出来一个人

一个人用脚踢了一下鸟窝问:
鸟儿到哪里去了?

危险的雪

那些大雪,在乡间
抚平了沟壑、田野
许多人为此,找不到道路的出口
贪玩的孩子、顽皮的狗
掉进雪窟窿里是常有的事

在城市里,有人禁不住雪的诱惑
推开窗户,感叹雪的美丽
雪中的阳光刺瞎了,他的眼睛
他便奋不顾身地跳了下去
从此,他掉进一场雪里

不,这些都不可怕
可怕的是,有人一生都陷在一场雪里

这些危险的雪,你不曾憎恨过它
却对它心存感激
就像我,因为大雪的到来
泪水朦胧,一转身的工夫
发现自己,在一场雪里已过了四十年

雪夜归来

又大又圆的月亮,逼走了星星
看来月亮离人间近的时候
星星离我们越来越远

雪夜归来,我试图找出这些事物
在人间,隐秘的关联
却发现,我在雪地里的影子
模糊不清

后来,我看见月亮
雪夜里装扮得很忧伤
东南方向的星星一直飘忽不定

今夜,在大雪中睡去

那些鹅毛般的大雪
是恋人扯碎了书信
扬下来的恼怒
今夜,在一场大雪中睡去
新人旧事埋在一场雪里
有谁想扒出来
那可得有足够的勇气

今夜梦中,涉雪而来的人
内心是纯净的
我们同时在一场大雪里睡去

梅花和雪的关系

春天来了,河水依旧贫瘠
白天落了一层薄薄的雪
夜里,月亮嘹亮
月光覆在雪的上面
有时候,雪也覆在月光上面
这些恍惚的事物有着互相融合的功能
月光和雪有着同一属性
如果是植物,它们属于同一科目
有着一样的节操;令人心疼

园子里的梅花恰好也在夜里开了
香味不可描述
梅花只有开在雪里
才能成为真正的梅花

大雪的一部分

行走在大雪里的人
双肩上扛着大雪
他在大雪里艰难地跋涉

他优雅的姿势
可以在《水浒传》和《红楼梦》里找到

天空越来越白
已经分不清天和地
好像大雪为他一人而下
其实他的心里藏着另外一场大雪

行走在大雪里的人
最后会被一场大雪埋藏
他自己也会成为大雪的一部分

管清志的诗
GUAN QINGZHI

于密水入潍处吟

两条河流
来自不同高处的水
就像两个多年未见的
朋友或恋人,紧跑了几步
然后,紧紧地拥抱在一起
无论是干流
还是支流
从此,将共用一个名字

岸上的马鞭草
河水下的龙须草
早就根连着根,手拉着手了
几条自由的鱼儿
从这条河,游到了那条河
浪迹江湖的浮萍
从这条河
漂向了那条河

苍茫的巴山,见证了这一切
密水入潍后
整条河流彰显出一种
浩浩荡荡的气象
两条河的交汇
就是两条路的交会
就是许多来自四面八方的人
走上了同一条道路

钉鞋的人

这么多年以来
他总感觉有什么东西
一直在身后,不停追赶着他
半年前,一场事故
(写到这里,心莫名疼了一下)
让他只能倚靠双拐走路
他的身体里有钉子
本来就很单薄的体格
更加地羸弱了
他晃晃荡荡来到街头
一坐就是半天
修鞋的生意很冷清
生活快要散架了
他讨好地对人微笑了一下
两只手并没有闲下来
"嗒嗒嗒"
他把嘴里吐的几枚钉子
结结实实
钉进了生活内部

油条歌

在我居住的小城,许多人的清晨
是从一根油条开始的
麦子、大豆、花生的精华部分
此时在一口锅中相遇了
那对中年夫妇,各自忙碌着
小儿子还在里间酣睡
小店四下弥漫着朴实的香气
逼仄的角落里,还有酸的小白菜
白的豆浆,青的渍萝卜

小城的尘埃尚未被搅动起之前
一根金黄的油条
已在沸腾的油锅内
不停浮沉、翻滚
"嗞嗞嗞"

它的喜悦和疼痛都很细小
小到只有平心静气才能听到
如果听得再仔细一些
就会发现，熙熙攘攘的世间
到处都是这种嗞嗞的声音

撞　击

半夜突然醒来
躺在那里，一动不动
感觉身体悬浮着
暗自思忖
生活，或者梦境
究竟把我送到了什么地方
耳朵暗自聆听
我的躯体里
除了心跳
还有什么在撞击着

是当一天和尚
撞一天钟的那种撞击
是匹夫之怒
以头抢地耳的那种撞击
是推开一扇门之前
指骨节与木头的那种撞击
是一根执着的秒针
与寂静的空气产生的那种撞击
是我初见小鹿时
如一头迷失的小动物般
凌乱的那种撞击

山顶上有兔子

山顶上有野兔，白色的
红眼睛，短尾巴，三瓣唇
爬山的时候
爸爸憨态可掬
手脚并用

比画着对儿子说

那次,他们登上了山顶
却没见到兔子
倒是后来,兔子几次出现在
孩子的梦里
兔子就在不远的地方
若即若离,紧跟他的脚步
但是只要他一靠近
兔子就跑远了

多年后,直到孩子
终于长成了爸爸的模样
也没见到过任何一只野兔
他学着爸爸的样子
蹲在草丛里,龇着牙
双手竖起来当耳朵
两只眼睛,通红通红

是美的

感觉眼前的一切
都是美的
春天,绿色的火焰
开始萌芽、堆积
然后,大面积地燃烧
恣意地渲染
季节的丰腴之美
秋天是一位艺术家
删繁就简
让枯黄的草木
呈现出迷人的色彩
它驱动着风
挥动无数骨感的枝条
在天空中
勾勒出书法的美
冬天最懂留白
一场大雪后
世界带着自然的曲线

白茫茫的大地上
只有
一个被风吹落的松果
一只麻雀
一个慢慢行走的人

观鸟亭

观鸟亭建在潍河边
我偶然来到这里
四下观看
却没有发现有一只鸟
观鸟亭只是一座仿古建筑
孤独地站在河边
看着潍河水滚滚而来
又滔滔而去
一个看不到鸟的亭子
却起名叫观鸟亭
让我突然想起
月光下跃出水面的鱼群
想起日月星辰
在河面上一次次地升起与落下
想起不远处的大桥上
疾驰而过的车辆
想起被一场突如其来的雨淋湿
匆匆而来的旅行者
想起深夜里那些
孤零零的、无处栖息的水鸟
想起自己年轻时
曾经用候鸟两字做过名字
观鸟亭不声不响端坐
亭观鸟，在河边

王清让的诗
WANG QINGRANG

柳 树

豫北平原
土生土长
且数量多的树
有如下四种:
槐树、榆树
杨树、柳树
最勤奋的要数柳树
她叶子生得最早
落得最晚

往下跳

雨渐渐大了
靠院西墙边
南头一棵槐树
北头一棵槐树
两棵树中间
扯着一根搁条
小杨依着东屋的门帮
看见搁条上很快汇聚
出一排明亮的小水滴
它们——
队伍不断扩大

拥挤着向中间急速奔跑
然后纷纷往下跳

月光曲

黑夜降临
太阳公公累了
就把光
分给月亮婆婆一些
不多
刚刚好把小秀
前方的路照亮

失　眠

华浩锦城
C停车场
269位的
宝马已经
连续三夜
都没见到
268位上
的奥迪了

助泉寺村遇150年古槐

兀自
站在那里
却跑过了
我们
多少人
的一生

第48页

我
经过时
看了一眼
走过去
很远了
返回来
又看了一眼
后来
专程几次
来到这里
只为
再看一眼
不是美女
是一首诗

儿子睡在我身旁

你是一颗
来自天际的
小行星吗
带自转的
睡着睡着
就横卧到了我身上
睡着睡着
就枕住了我的脚丫
有时，睡梦中
你会突然用小胳膊
紧紧箍住我脖子
用腿死死夹住我的腿
害怕爸爸跑了似的
随着你的呼吸
我轻拍你的背
有时，你连着翻身
到了对面的床沿
又像要决然抛弃我
奔赴你的星辰大海

金马驹

东寺麦子用斗量
西寺麦子酒盅装
西寺庄的麦子
收成为啥这么孬
那得问光棍二愣
以前,西寺的麦子
收成在十里八乡
可是出了名的高
相传,玉皇大帝
的一匹金马驹
每年秋天,都会
光顾西寺的麦田
朗月下,一团金色云朵
从天而降,紧跟着
跳下一匹精神抖擞的
金马驹,四蹄站定
俯首大口啃嚼麦苗
(被啃过的麦苗
更易深扎根
来年长势好)
不知何时,二愣
握着一根长长的马鞭
蹑手蹑脚潜到它的身后
趁其不备,使出浑身力气
"啪"地就是
一个力劈华山
金马驹一声嘶鸣
闪电般逃往天庭
不幸的是,被打掉了
一只金光闪闪的耳朵
二愣喜出望外,扔掉马鞭
连滚带爬地跑过去捡
孰料,抓到手中后
瞬间变成一块瓦片
(从此,金马驹
再也没有来过)

于贵锋 的诗
YU GUIFENG

秋日黄昏

看不到落叶。看不到树林。也看不到山
几幢楼站在窗外,灰皮肤尽情吸收着最后的阳光
这一天要结束了,楼顶上的避雷针还在闪闪发亮
仿佛它能看见房子里的人看不见的东西

深 秋

过了中年,黄昏也将降临。
放下工作几天之后,
身体里出现的那些声音
一个接一个安静下来。
它们一直在说,让我筋疲力尽
再也什么都说不出。
放弃了解释的努力和念头
它们安静了下来。黄昏已到来
小区隔壁学校操场上
坐着几个剧烈运动过后的学生。
或影子原本一直安静地坐在那儿
只是随阳光从北边移到了东边。
操场西边有一棵不认识的树
树冠斑斓。一个人从树下走过
并没有注意到它,以及
它和其他树有什么不同。
高处的天光还很亮,我突然

想对着窗口说点什么,又觉得多余。
天会黑下来,灯光会亮起
耐心陪我把没有做的事一件件做完

雁滩公园里的一些石头

湖边的千屈菜不见了。一片芦苇不见了。
几块石头,分散两处,都有些突兀,都在失去吸引力。

三两块石头想说点什么,被湖水淹没。
四五块石头在岸边干透,无话可说。

阳光照着现在和之前的不同,以及变化。秋风说过了。
没有听见的路落满改造的尘土,覆盖林荫道创造的美感
而听见的五六棵七叶树,斑斓多明亮、多柔和

麻雀与画眉子

小时候在农村抓只麻雀训练,
给它的鼻子穿根长长的细线,
放飞房顶,再吹口哨,它就
飞回到手掌。有段时间,
尤其冬天,会用竹筐、门板、
秕谷和薄雪,近乎疯狂地抓,
虽然不多,但抓住了,
就放在灶膛或炕洞烤了吃。
也有人抓住过画眉子,将它
关在笼子里挂在高高的树上,
听它唱歌。后来长大了,
进城了,麻雀好像还是很多,
在路边草地、树丛,喳喳叫,
但没有人再抓、再玩、再吃。
画眉子依旧很少,但还是
能够看见,被抓住的画眉子
关在古铜色的笼子里,挂在
公园的树上,有时唱两声,
更多时候不唱;多数情况下,
笼子上苫块蓝布,不知道

装的什么鸟，有没有鸟。
经过公园，有个从前的熟人
从对面走来，迈着八字步，
托一空鸟笼，好像在练习
一种感觉。他走得很稳，
但分明，有一点不好意思

梦出的棕熊

有没有经过高山
穿过森林　有没有
蹚过雪原　河流
一只被梦出的棕熊
来到了人世
它看见一个人
白天赏花　夜晚望月
大多数时间
慢悠悠晃动　发呆
一声不吭　一扇门
一直紧闭着　他似乎
也没有出去的想法
（也许那样　它可以
跟在他后面　说不定
会碰上奇迹　恢复
它的记忆）　似乎
这是他最后的居所
充满音乐和光亮
但他始终没有和它说话
也没有对它笑过
它蹭他　也没有反应
好像它不存在
甚至连影子也没有
它是不是他梦出的
也不那么确定　一次
趁午睡时它小心走进
他的梦　似乎还是
在这间房子里
他看一个人在画画
而她什么都没有发现

头埋在一张雪白的纸里
一会儿涂　一会儿擦
一会儿描　一会儿掠
一只棕熊就突然
看见了自己　画里画外
那个人也看着它
一脸吃惊的样子
她也抬起头　欣喜环顾

锦鸡儿

也长刺。
也开花，或像有人说的
能育出一只只金色飞鸟。
有人将一块空地划给了它们，
允许它们存在。
它们有没有将这块空地据为己有的想法
这不重要。
它们继续长，越过夏天
长进了秋天。
一枝一枝的，似乎还在长。
柔韧，朝着引水渠悬空，风中会动一动
但不会折断。
更不好看了，也更无人留意。
只是那生长中弯出的弧度，在引水渠
发黄的流水映衬下，有种不易察觉的美。
一个人已度过了大半辈子
也没有看出它们有什么远大的理想。
长在山路靠悬崖一边，
这样的事已经发生了，
也绝不是什么值得去追求的生活。

秋天车过分水岭

盘山公路
就像山心里的最美的旋律

站观景台上

看着听着那旋律低下去　又高起来
消失又出现　把山外诸事抛诸脑后

感觉自己比一朵白云还白
感觉自己比不远处的雪山还清晰

依然沉浸在旋律中的一辆辆车
一个个人　或一群牛羊
甚至斑斓的山坡　那些在岁月中
生长起伏的不同的植物
他们的悲喜　是多么的值得

有没有一条寒澈的溪水像另一条琴弦
有没有笔直大路像一个结果迎来欢呼
又有什么关系呢

度　冬

寒潮发动寒风扑到昨夜
太阳没有出门
扫上几米便扫不动
一堆堆槐树叶等着被运走

北方南方
雪下在很多地方
听说雪没过了马背，听说
雪薄如纸片，树叶在雪下面

铲雪人，扫雪人，踩雪人
还有赏雪人
会不会堆起一个个雪人呢
绿眼睛，黄眼睛，红眼睛
用树叶做眼睛的雪人活过来
看着雪白的人世

躲在屋子里，人们谈论着冷
谈论着世界杯赛场上
看见和看不见的表情

足球滚来滚去，到处寻找
生活的热情和温暖的源头

如何度冬
从大街上回来没有答案
一堆堆树叶和一堆堆雪
被突然全部运走后，也没有

在这样的时候

说声"平安"　对着自己　　亲人
对着认识不认识的人　对着心
和大地上升起的一柱柱炊烟

平安　平安　严寒已至
每个人的声音都会传递出一点温暖
河流会在冰封前记住奔流
崩塌可能会停止　满怀爱的生命
会紧紧拥抱并从此相信祝福的力量

舒寒冰的诗
SHU HANBING

浮 云

万米高空孤独地飞行
我已远离红尘
尚在地球引力范围
依然适用因果法则
身边人入定，星辰得度
偶尔看窗外，脚下
我毕生仰望的浮云
仍住于色相——
太平洋的羽毛！

放 下

在飞机上查看手机残留的信息
一个被我伤害过的人
亲切地喊我名字
看来他已放下仇恨
放我遁入虚空
愿他在尘世平安喜乐

伊甸山

大地喷薄的心血
染红奥克兰的天空

无法抑制的激情
是一场灾难
上天的眼泪
通过漏斗形火山口
年复一年，熄灭
大地内心爱欲的余温
灰烬化作息壤
伤口绿草如茵

思想者

奥克兰国立博物馆里
坐着一个人
像罗丹的青铜雕塑
思想者仍在思想！
一具长着人心的火山灰
依然在痛苦地挣扎
灾难铺天盖地
来不及撤退的灵魂
囚于人形的时间

悉尼印象

1

一次次梦中醒来
悉尼就站在窗外
红宝石眼睛点亮夜空
满身钻石闪耀
悉尼歌剧院悄悄打开贝壳
软足爬过时间的沙滩
港湾大桥假寐于彩虹

2

酒店窗台比波涛宽阔
既可擎月写诗
也可对影坐禅

3

南纬三十度不眠之城
南太平洋璀璨的心跳
星星大隐于灯火
月光小隐于海浪

4

晨曦染红了鼻息
阳光与灯光接力
一米宽重叠，精准、柔和
造物主浑然不觉

5

一树白花飞起三两只白鹭
飞过窗棂，穿越高楼
扇动的翅膀
指挥波涛的交响
和彩云的舞蹈
轻轨在绿树红叶间穿行
踩着落叶晨练的人
是游走的颤音

6

在悉尼湾，一棵大树
就是一朵葳蕤的星云
五百岁为春
五百岁为秋
白鸽翻飞
引发小宇宙的风暴
你端坐风暴中央
阳光在发际弯曲

库克船长的小屋

在墨尔本市中心菲茨若伊公园
我遇见库克船长的小屋
坐在参天古木之间
如此低矮、古朴
如此静谧、安宁
像一个老者
脸上泛着暗红色包浆
它来自遥远的英国
我来自古老的中国
一栋漂泊万里的小屋
等待一个飞越万里的人
这是无人能懂的迷局
众人纷纷与小屋合影
我独自叩响
光阴的门环

安吉西小镇

汽车沿着大洋路奔驰
偶遇一两个村庄、小镇
大片大片寂寞的桉树
在海边生老病死
徒步人消逝在密林
冲浪人隐身海洋
礁石张开怀抱
拥抱南太平洋孤独的波涛
爱欲在一次次消磨中
变得光滑、坚硬而陡峭

绝缘时刻

在异国
你是我的语言
我通过你与世界交流
那些男人、女人或者雕塑

总是把闪电藏在眼神里
再通过你击中我
在奥克兰大学古树绿茵间
我试图与一群鸽子对话
孰料鸽子也说英语
我无助地望着你
你欢笑着走进鸽群
像轻盈的海风
吹飞满地咕咕的树叶
去达尼丁的飞机上
我与落日对话
真美，我愿意被融化！
落日听懂了
竟羞红了半片太平洋
有了这次冒险
我胆子越来越大
像电流要挣脱导体
在达尼丁的夜晚
先和一座老火车站窃窃私语
又与一座大教堂眉来眼去
夜深了
我试图与房子对话
可屋里一切东西都说英语
还带着浓厚的方言。
虽然你就住对面
但总不好深夜打搅——
现在是绝缘时刻
电流只好读圣贤的经典
而获得安宁
与虚空对话不需要翻译

影 子

借我浮生十日
陪我的影子浪迹天涯
在悉尼海湾
在墨尔本安吉西小镇
影子一次次沿海滩奔跑
像一滴泪要挣脱眼球的引力

奔向大海
我不爱这个世界
我只爱眼前的幻影
和内心的风暴
亲爱的影子
孤独的影子
不要相信云海上万水千山
不要相信浪子的谎言
影子办不了出国护照
我只好把他寄托在你的瞳中

罗鹿鸣的诗
LUO LUMING

凤头鹰

我作为人，仰慕你高于我
你在天空中奔跑
付出了一生的努力
又希望你有低于我的时候
蜷缩在我眼下的某一根枝头
这不是让我鄙夷、轻视
而是可以暂时抬高我自己
或许能增添自己一点骄傲的资本
或许可以帮自己注入一股
在强者如云的人世间
继续活下去的勇气

其实，我需要的并不多
当我也能被天空搂在怀里
我便可以安心入睡
那些世俗的幸福
就让它们烟消云散吧

灰脸鵟鹰

虽然鹰、雕、鸮、隼，这一群
猛禽的家族在天空实行单边主义
曾几何时，它们也代表我的凌云壮志
它们霸道惯了，没有一只成为

我的酒肉朋友，更没有一只将我
当成它们的哥们兄弟。没有一只
真心为我挺身而出，在乱云
飞渡的时候，或雷电乍起的时辰

是啊，不论是灰脸还是白脸
哪怕像川剧的脸谱，再怎么善变
事实上，谁也不为谁飞翔
谁也不能顶替谁的欢笑与呻吟
谁的远方也无法调包为自己的远方

纵使不能随着得势的灰脸鹫鹰
轻松与沉重并举、缓慢与敏捷自如
飞得更高更远，享有更多的阳光雨露
但可以，向正义的权力效犬马之劳
不可以向邪恶的势力效鹰犬之力

向真理与和平下跪，可以例外
为此，不惧从空中坠落，碎骨粉身

松雀鹰

当我歇息在桃花岭山顶
回望来路，好汉坡已在脚下
桃花正在山脚下妖娆

我不是猛禽悬停在空中
此刻，我是一枚执拗的顽石
停留在明媚的春天里

丛林呢喃，为我唱歌的
是接近我而不让我一睹真容的画眉
还有长腿树莺，在为我吹着口琴

但我的心在云上，云在我的理想之上
我的眼神，追踪着一拨一拨的松雀鹰
还有凤头鹰、灰脸鹫鹰、蛇雕、游隼

我知道它们都是匆匆忙忙的过客

但我还是目不转睛,一刻不停
这是一个城乡两栖人的待客之道

在你头也不回的时候
我仍然目送着你的背影
从冷漠的暮色里,直至消失

我追鹰的热情,一生也没有消耗殆尽
回望落日,没有溅起哪怕一点点回音
走下坡路了,仍然有被鹰打碎的星星为我照明

任蒙 的诗
REN MENG

七 月

江声仍然离情依依
浪舌也未舔平春的足迹
灯火早在黎明前醉死
晨雾却被流云抹去
长空写着一个万古传说
故事中没有预告末期
七月的道路上滚着热浪
怎么也烧不断高悬的云梯

七月少风
七月少雨
树枝张起渴望的双臂
天空依旧黯然无语

秋季不肯出发
枫火几时燃起
七月的时针太慢
绞着沉重的思绪

流 星

全部的拥有只是一闪而过
所有的辉煌凝成一道光亮
无法重复的生命

没有循环的轨迹
一切，只有一次告别
一切，只有一回经历

拥有的是无数错过
错过的是永远拥有
拥有瞬间便不再拥有
错过一次就终生错过
一切的一切
被命运割舍
苍穹有声音：莫要回首！

收　割

云块上叠架蒸笼
在湖中漂移
将湖水蒸得滚烫

早稻顶不住阳光的针芒
终于低下头了
镰刀略弯的白刃
明晃晃地期待了许多时日
从来，它只有向泥土索取

开镰，在一个闷热的早晨
父辈们叉腿弯腰
收割啊，只为村庄延续炊烟
我的镰刀一样忙碌
收割青湿的谷苑，左右挥舞

年复一年，抢割抢插
与赤日和疲惫白刃相搏
皮肤一次次被灼伤
如脱落的树皮卷起

母　亲

小村的泥墙土院
灶火高过大地之火
刚放下镰刀的母亲
赶做我们的午餐
堂屋泥土地上的光亮
蒸发她赤足的汗渍

少年岁月懵懂并茫然
我没有在意母亲忙进忙出
更没注意她从早到晚
都必须穿着湿透的衣衫

只记得锅里的煮瓠子、炒黄瓜
还有从锅盖里喷出的
汽水面饼的浓香
只记得小学那篇课文中
我们曾扯起嗓子唱读的
"夏天过去了
可是我还十分想念"

记忆从未衰老
如今，百里大城的炎夏晴空
仍让我回到自己的夏天
回到儿时小村的暑季时光
想念那位辛劳的母亲：我妈！

丛林小景

天外的曙色
划一道林海的边际
叶间的光影
穿不透丛林的幽深

天与地在此定格
两株树也拨云相遇
盘根错枝，默默站立
站立着就是时光

生命选择站立
扎一朵萌娃的鬏髻
去撩拨天风
山幽林静无尽相守
造物者神来之笔
它们装饰头顶的天幕
风景,只属于自己

平淡相望的沸腾与热烈
淡去各自的年轮
任天穹的时针随日月旋转
缓慢与沉重,周而复始
执手度过长夜
静听对方的呼吸
挺过雷暴泥流
温暖着,只是自己
站立一生也需要旅伴
它们更是兄弟
靠近,靠近地老天荒
只有拥抱距离

张捷 的诗
ZHANG JIE

春天的鸟

黎明时分,小鸟在窗台
来回踱步,沙沙沙
代替了"叽叽喳喳"
循着声音推开窗户
樱花海棠玉兰杏花
扑面而来,最美春光
尽收眼帘
而小鸟却不知去向

夕阳西下,鸟群飞回来了
清脆的叫声此起彼伏
此刻,夕阳的余晖
将绚丽的花卉
装扮成了最美"雕像"

夜幕来临,偶尔传来鸟叫声
情不自禁地来到窗前
闪闪烁烁的灯火
给一树树春花,披上了曼妙的风衣
静静的朦胧美雾一般弥漫在绿树丛中

欣赏春天
小鸟在春天里也变了

分离的那一刻

冰糖橘与她身上的绿叶
在土里育苗
在树上结果
黄灿灿的倩影
掩映在青青绿叶里
是一幅绝美的山水画
经历了风雨
熬过了霜冻
哪怕在遥远的路途中
她们紧紧依偎在一起

可惜,最后终有一别
我最期待,在分离的
那一刻
无论是橘子,还是绿叶
都有一个好心态

天蒙蒙亮的时候

天蒙蒙亮,白雾缥缈
站在窗前看小区
惊呆了,一群麋鹿
站在小区的丛林
那鹿角密密麻麻
伸向远方

也许是进城的农民工
抱着金灿灿的稻穗
高高举起
仿佛擎起良田万亩
与城里人分享

还有多个也许
可惜天已大亮
我终于看清
挂满鲜花的紫薇
一夜之间"下凡了"

野山雀

楼下那所幼儿园
不时有山雀飞去飞来
像飞机俯冲低飞
似乎在侦察,又似乎……

周末来临,幼儿园寂静无声
十几只山雀降临在小操场上
没有任何仪式
它们忘情地开始觅食
往常,这里是小朋友的乐园
零零碎碎的美肴
散落在青青小草上
成了山雀的"第二故乡"

正饶有兴趣地观看
楼上一位好事者
吹响了喇叭
十几只山雀
瞬间飞上了天空
不过,苍穹还有它们
来回盘旋的踪影

落日那最后一抹余晖

那最后一抹余晖
露出了璀璨的笑容
似乎在说什么
可惜被风吹开了

那最后一抹余晖
知道了自己的命运
但她依然闪烁着红霞
让黑暗晚些再晚些

那最后一抹余晖
已经被万仞高峰遮挡
在这最后的时刻

她融入了青山
山上的每株小草，每朵野花
闪烁着不息的光芒

水杉与柳

黑漆漆的夜，万籁俱寂
几星渔火在远方闪烁
湖边的水杉与柳
渐渐靠拢了

水杉划破了寂静
它说：你和湖水的情感，让我好羡慕
柳树稍一迟疑
轻轻地说：其实，我
和湖水只是肢体接触
它们每天都在仰视你
让人心生嫉妒

说着说着，它们又分开了
柳枝依旧掸去湖水的尘埃
水杉继续守护在岸泊
唯独一汪湖水静静地
进入梦乡

一条鱼在三镇游

一条鲜活的鱼
没有任何预兆
从你身边轻轻游过

不发出任何声音
鱼头和鱼尾有节奏
地起伏
不知从哪里上岸
三镇大街小巷
是处都有它的身影
安静是它的"通行证"

即使没有阳光
鱼身依然闪烁着
橘红、翠绿、金黄色
的光
美丽是路人的赞美
经过人行道、斑马线还有红绿灯
它是那样虔诚
秩序是它家族的"基因"

当它疲惫的时候
林林总总的充电桩
向它亮出了微笑

白孔雀

湿地引进了一只白孔雀
绿枝小草使劲摇头
丹顶鹤、松鸡、鸳鸯
"盯"住了白孔雀
小朋友给的食物被"私分"了
可叹白孔雀始终没有开屏，但兴致不错

起风了，天阴了
远处电闪雷鸣
鸟儿们躲进了暖屋
小朋友们也不见了
唯有白孔雀立在滩头
我自"岿然不动"

雷声炸响
道道闪电划过天空
大雨倾盆而下
白孔雀终于开屏了
呈扇形的羽毛放大放大
似乎要把绵绵不绝的
雨丝，轻轻扫向湿地
的每一寸土壤

秧 苗

起风了
春雨潇潇
父亲要抱你出"产房"
母亲堵在门口泪流满面

插秧机的叫声响起了
父亲毅然冲出"产房"
把你交给了叔叔们
蜻蜓般的插秧机
沿着土地来回穿梭
你还未睁开眼
就已经挺立在芳香的土壤里

第二天拂晓
父母亲来到田埂上
看见你
亭亭玉立,青翠欲滴
他们脸上挂满了微笑
他们似乎想说
不仅父母亲在
呵护你们成长
这个世界上,还有多少人
为你们牵肠挂肚

诗歌地理
Poets Geography

荆州诗人作品小辑

高柳　最是锦绣繁花时

荆州诗人作品选
高柳　钟静　刘洁岷　舒和平　曹玉治
罗秋红　李雪川　杜丽君　杨万安等

高柳

最是锦绣繁花时
——荆沙诗歌往事及诗人简论

> 鲜花盛开的大海
> 道路多么宽广
> ——高柳《道路》

欲往高迈的发轫之端

荆州、沙市现代意义上的诗歌发轫期是从程巢父先生开始的。巢父先生以他的类型思想史研究著称于海内外。他早年对中国新诗转型的参与与推动，对荆沙诗歌的外向交流与拓展以及我们之间经年已久的民间诗歌探秘，均因其沉潜内敛、不事张扬之个性而鲜为外界所知。

1970年代末，专业作家程巢父主攻文艺评论及京剧创作。1976年介入新诗研究，随后全力声援尚处于地下状态的朦胧诗。1980年，巢父先生率先参与全国朦胧诗论战，并在"朦胧不朦胧""懂与不懂""诗与非诗"的激辩中鲜明发声。他与谢冕、孙绍振、吴思敬等诸多前辈都是当年诗歌评论界的开路先锋，共同为新时期中国新诗的现代化进程提供了理论铺垫和支撑。在我眼里，他们就是中国朦胧诗乃至崛起诗群、第三代诗人的学术辩护人。巢父先生早在朦胧诗萌芽窗口期就对顾城、北岛等诸多代表性诗人的文本有过深入研究，写下了《〈今天〉非朦胧》等系列理论文章。

1980年代中后期，当"今天诗群""第三代""朦胧后"诗人们横空而立并被名正言顺"从地下请到地上"（杨黎语）。那一刻，"诗人在浪尖上／声音雪亮／我们深信诗人的含义／普天之下／诗人亲如兄弟"（高柳《观一部战争片》）；那一刻，超迈于异乡的我雄心万丈，"多么美好／在春天／我们难以言说的抗拒／垒就沙城"（高柳《沙城》）。正是在这个中国新青年诗歌群体野蛮生长的疾劲风口，沉寂已久的荆沙诗歌也悄然完成了与全国诗歌浪潮的同频共振。这里诞生了第一个以诗歌与哲学爱好者共同组成的现代诗歌沙龙，创办了同仁刊物《世纪末》；这里率先发起了《湖北青年诗歌大展》，高调展示了新锐诗人的现代华章；这里举办了《春华》全国青年诗歌大奖赛，首次以流行文学传播渠道将小众诗歌推向读者大众；这里出版了中国第一部中世对照版《世界语诗歌丛刊》，举办了第5届太平洋地区第一届世界语诗歌笔会。此后，这里是现代诗歌传播的重要策源地，先后编发了《世纪末》《知音文学》《诗参考》《诗歌研究》《南京评论》等各类诗歌读本；这里是第三代诗歌及新锐诗人的作品汇集地，酝酿策划了大批青年诗人的系列诗歌及理论专著。再后，这里以名刊《中华传奇》为平台，凭借国际电子出版优势，吸纳典藏了海量中外诗歌名家名作，开创了"中国诗歌走出去"的新锐气象。

闪耀于明星城的诗人们

20世纪，中国版图上出现了一座璀璨夺目的明星城市：沙市。这是一座朦胧派、崛起派诗坛新星们频繁走秀的时髦城市，这是一座第三代诗人买舟东下、竞相造访的魅力城市，这是一座卖菜、打铁、翻砂、烧锅炉的愣头青年都为之写出了抒情诗的浪漫城市。

沙市的诗歌繁荣，与三个人密不可分，他们是赵宗泉、黄大荣、刘洁岷。

20世纪70年代，身处沙市的武汉人赵宗泉和身处武汉的沙市人郑定友是明星城知名度最高的诗人。赵宗泉所主持的《沙市日报》"章华"文学副刊是当年江汉平原最有影响和辐射力的诗歌阵地。这个平台连同《沙市文艺》杂志、《职工之友》杂志、《沙市工人报·星光文学副刊》《春华文学月刊》一起，催生了1980年代荆沙乃至全国诗人群体的集体狂欢。

黄大荣是沙市文学青年的公认导师。他在长达数十年兴办刊物、主持作协期间，为荆沙风格迥异的各路诗歌才俊提供了良好的人文空间和思想关怀。他自己也以小说、诗歌、学术等多维度写作不断进行实践创新，著作达数百万字，其中诗词创作主要集中在诗集《思雨楼诗钞》之中。

刘洁岷是于沙市出道、在中国诗歌界具有持续影响力的诗人、诗评家。1980至1990年代，他在荆沙诗歌快速上升期中所引领的诗歌风尚以及他承前启后的出色表现有目共睹。21世纪以来，他对荆沙诗歌后浪的影响和激发，使这一群体的整体方向更趋于沿着当代诗歌主航道稳健迈进。他自身诗歌的创作与研究持久、系统且成果斐然，出版了《刘洁岷诗选》《词根与舌根》《在蚂蚁的阴影下》《互望》等多部诗集；他潜心于当代中外诗学，创设、主持《江汉学术》"教育部诗学名栏"，命名主办《新汉诗》《世界语文学：中国金诗库》，主编、执行主编了《群岛之辨：现当代诗学研究专题论集》《21世纪两岸诗歌鉴藏》等系列诗学著作。

明星城诗歌的兴盛，于1980年代末达到顶峰。那时的沙市星光灿烂、百舸争流，赵宗泉、任善炯、刘洁岷、碧川、钟静、摩舒、蔡伟荣、刘馨祖、汪剑频、浮石、毛草、刘伯韧是这座城市的明星诗人。他们花团锦簇、交相辉映，黄良普、蔡翔、朱翊、华吉（吴利华）、李功、彭定旺、赵晖、戈林才、萧萍、李国全、叶继程、吴光熙、毛军、汤伯冲、邹帆、张进、郭虹、钟爱国、蔚蓝、唐光辉、李雪琴、欣野、杨长捷、石华莉等一众新人后浪追前浪，令沙市的现实浪漫主义诗歌大放异彩。

合唱团：高歌与低吟

21世纪以来，沙市诗歌写作始终保持着多元的传统。荆沙诗友之间，也一直处于和睦的交际与良性的共生之中。除了自1980年代以来至今坚持不懈创作的舒和平、浮石、钟静、汪剑频、摩舒等老将外，逍遥、荆江、郑伟、王昌赋、飞洋（毛运秀）、晓俊等诗人都是荆城诗歌接力的种子队员。他们人各有志且歌且吟，但心性怡然互为益彰；他们是时代的"合唱团"：那里虽不曾有孤勇的"绝唱"，但出彩的独唱比比皆是。

任善炯是成名较早的诗人、词作家。这位从西藏军区返乡的军旅诗人，先后创作1500余首（部）诗歌及音乐文学作品，有400余件被谱曲或载以各类音乐艺术片。先生出生于楚国故都郢城，他是以现代笔法还原荆楚民歌的先行者，他那"打完圆硪打扁硪"的谣曲之声至今仍萦绕耳畔。

沙市本土诗人蔡伟荣、刘馨祖起步最早：1970年代末声名鹊起，1980年代红极而紫。他们稳健而有节制的抒情，在春风初醒的诗意大地显得底蕴十足。他们的文本步伐整齐，细密如织，极高的语言能见度在贫乏失语的市井苍生鲜活横溢。

钟静，一个有情怀的、青春不老的诗人。他的诗歌之路与这块土地乃至更宏阔的时空血脉相连。他珍其所爱，襄助公益，一路坎坷而来殊为不易。钟静"幻想是楚国的狂人，风歌中却把琴弦弹断"，于是他写出岁月里苍茫的诗篇；"夕阳把昨日的伤口收藏，老去的江山长满苔藓"。一个向死而生、于深渊中重回大地的诗人，他殊为难得地抒发了历久弥新的英雄情怀，写下了荡气回肠的儿女情长。他"伫立在诗的高贵里"，紧握着不甘的命运和不愿老去的时光，但，"紫烟升腾／山河如此辽阔"（钟静《围棋》）的慨叹依然令人动容。

老将碧川，少年天成。他是沙市青春诗歌时代的地域风向标。他的诗意承担，他的时代性热忱以及美好过往曾令我激奋忧伤，从年轻的《红月亮》（诗集）到稳沉的《人迹忧乐》（文集），碧川始终追寻"如何能使诗的良知在诞生过《楚辞》的热土上复苏"（赵宗泉）。

摩舒是早在1980年代大学生诗潮高浪中就经历过风雨洗礼的"诗歌水手"，是第三代诗人中抒情浪漫主义的孤独践行者。

浮石是谨慎地手持烛火的人，他是诗意至暗之境的"闯入者"，他一路暗夜潜行，"从而达到孤独中的心灵饱满（浮石）"。数十年中，他充满劳绩，在"失措"中寻找他的"自在"，他以冰火两重的诗意，乐而不倦地归于澄明。浮石随时能给我们带来柔情和硬朗的美，身为一个在并不简单的混浊生活中浸润已久的人，他奢谈着爱情，且写出了少年般的诗歌，这是他极大的荣耀，也是他隐蔽的忧伤。他的爱诚实、夸张，抑或在文字中玄虚得可疑。"前世的情人，注定夜半醒来，我的女儿，遭遇虚无的爱情"，浮石是深谙隐喻之痛的诗人，他在隐喻中愈陷愈深，"以至无法在风中保持最初的缄默"，于是，他说"关于爱情，我想我已经触到了它的痛处……"。

浮石1993年领衔创办的《抛物线的另一端》，现已成为沙市诗歌的一块民间活化石。这份同仁诗刊在当年诗歌青年中的聚集效应是不言而喻的。黄良普、朱翊、李国全、蔡翔、邹帆等人在这个平台上都有过出色表现。蔡翔、朱翊诗歌起点颇高，甫一出场即显醇厚劲道之功。

我始终只能以直觉方式进入诗人袁小平的精神实验场。我试图在他身上寻找更多天才诗人特拉克尔的基因，但这种寻找显然以失败而告终。他似乎是一个持有"魔方"的人，他的诗有时就是一个幽灵般的存在。我无比坚信地将他的非著名长诗《重生如玉》誉为一部"以瑰奇浩瀚之才"根植于荆楚大地的恢宏史诗。

汪剑频是一位民间立场鲜明且地气盈足的诗人。他的诗性征询为苦难记忆留下了美丑莫名的文本参照。即使在那些吟咏自然的篇章中，我们也能透过貌似抒情的形态，见到他诗歌的异质和变形,见到那些被物化的"人",那些"不可欺、不可侮的倔强"。

诗人逍遥(杨万安)一直默默地写着一些老道而沉着的诗歌。他深潜于命运的轮回,在喜悦和不安中,他的姿势有点义无反顾:他讲述《一条鱼与我们的共性》,"一个灵魂抽离了肉体,一群聪明人变成了白痴"。在人与鱼的虚拟寓言中,他抑或是在歌颂诡异的美德和快意的恩仇……

逍遥的诗风稳健,但在语言的延展中,他的诗歌象征体却在不断飘移。他善于把这种抽象中的不确定即未命名的新的象征物展示给大家。逍遥的诗少而精。《父亲的丧鼓》是他亲情诗篇中的举纲之作。一头犟牛的死亡与再生,一个丧鼓手灵魂的远行与回归,都浸淫在无限节制的诗性叙事之中:"无论鼓去多远/沉寂的村落/听不到唱词/但能听到/无边雷声滚动……",当尚在残喘的生命被死亡与葬礼的虚无语境所包围,父亲的灵魂与丧鼓的隐喻,便在诗人的生动呈现中隐隐再生。其新作《新年祭》《葬礼》都值得一读。

郑伟是荆州诗人中的后起之秀:一位技艺纯熟的歌手在铁石的丛林反刍他水木的乡村。我不曾看见他诗中欢愉的风景,却目击了骨子里的疼痛与悲辛。美丽的江南,不投入唯美的盛大行吟,而报以哀渺的变形叙事,这无疑是郑伟"革命"性的文本尝试。

楚国故都与泛荆州地区诗人

荆州古城是原荆州地区行政公署所在地,是江汉平原的"首都"。为提高荆州诗歌地理辨识度,我在此简单地将荆州诗人分为"城内的诗人"和"城外的诗人"。

城内大诗人,当属舒和平。即使在"以痛苦的真实,企及美好与幻想"的性苦闷年代,他仍追求诗与不合时宜的超越生存的"快活"。他经年呼朋唤友,却未见招风拈蕊;他少壮雄风大展,诗满古都,但也不过轻鸿掠水,《在灵魂的窗口放飞一只梦蝶》(诗集);他盛年愈意愈勇,大器晚成:这个绝不沉默的《沉默采集者》(诗集),在顾左右而言他中,完成了他新时期的阶段性代表作。他的诗风日益沉稳、老到,饱含岁月的沧桑与心灵的充盈。他在"欲擒故纵的年代,领会到欲拒还迎的感情";他那"旧式的马车,携带自身的尘土,朝着更深的泥泞滚动";"苟日新,日日新,又日新",他在传统的清澈与现代的驳杂中,找到了个体生命最充分的表达。

作为一名跨越三个诗歌年代的诗人,舒和平的诗歌文本演绎了历史的嬗变。他视野开阔,着墨当下,他对日常和周遭的细致表达臻于精妙:他有着与其沧桑岁月不相匹配的未泯童心,有着将诗歌技术烂熟于心的超常禀赋。在荆州古城,他是把传统精神与现代诗歌美学融合得最好的诗人:他为自己的心灵立此存照,他为大众的苟且颟然颠覆;他身陷"瓮城",他的热情和忧戚在一片乌有中悲情游走。是的,他始终"在场",他坚持歌唱,也保持沉默。这就是世俗坐标中的"老舒",也是诗歌符号上的"舒老":一个快乐的苦吟人。直到今天,我仍惊讶于他的依然故我,我不得不由衷地说:他是诗歌的笑傲者,他是岁月的好知音。

如果我们回溯1980至1990年代楚国故都的新诗历史,荆州师专(现长江大学)的校园诗歌写作无疑具有启蒙意义和特殊价值。刘汉民、樊斌、丁江等一批归来的写作型学者,及时策应并推动了本土校园文学的快捷生成。韩少君、蒋经韬、朱瑜等一批大学生诗歌新人就是在这里初试锋芒,捷足诗坛。

荆州城内，由张雪年、饶正洲主持的《荆州日报·荆江文学副刊》，由钱家瑛、徐宜禄主持的《荆楚文学》，由刘光林、赵虹主持的《楚原》《楚都文学》，由赵晓春主持的《江陵报·楚苑文学副刊》，由方昭海主持的《江陵工人报》是城内诗歌青年们发表作品的主要阵地。活跃度很高的诗人有刘光林、赵虹、陈宏、赵晓春、王振东、张月娥、孙明庆，等等。此后，蒋经韬、朱瑜、宋世平、华夏等相继成为荆州城内诗歌创作的中坚分子。他们异常自觉地完成了个体诗风的转型并开创了古城诗歌的新格局。

1980年代末，从"朦胧后"接力而来的中国第三代诗人们，在难以割舍的时代情怀和理想主义的最后挽歌中，在挣脱保守主义桎梏继而充分彰显的强大个体野性中，开始了他们井喷式的特行独立的快意诗歌人生。在那个如日中天的诗歌年代，用群雄奋起来形容城外的诗人毫不为过。在我目之所及的泛荆州地区所有县市中，几乎都涌现出了区域性甚至具有全国影响的诗人。

陈应松、黄学农是中国青年诗人底层逆袭、孤勇崛起的鲜活样本。这两个曾于历史境遇中挣扎过来的年轻奋斗者，在倥偬岁月的"三袁"故乡书写了地方文学神话。

公安有着悠久的诗歌历史遗产和传承。公安诗人的创作也整体遵循并弘扬了"三袁"即"公安派"以来"独抒性灵、不拘格套"的诗歌公理。笔者阅读《公安诗人新诗选》时，发现公安诗人群体具有明显的代际梯队特征。第一方阵：陈应松、黄学农、曾纪鑫、黑丰、邹平、刘松林、杨先金、王福学。第二方阵：野梵、蓝冰、许晓青、冰马、仪桐、王丛桦。第三方阵：石谭、刘青方、寒冰、徐玉莲、白露为霜、杨培芬、云经立、陈白云、李伦菊、伍业琼、陈可、王美菊。

在经过数十年的起伏沉淀后，公安诗歌于21世纪初期冲向一个历史循环的高点。诗人野梵、黑丰、许晓青、蓝冰发起创建"后语言主义诗学基地"，首倡"后语言主义写作"，所办《湍流》诗刊公然宣示"先锋、独立、现场"。它是泛荆州地区继1983年诞生《世纪末》之后迄今为止最具前卫性、实验性的诗歌群体之一，即使在诗刊林立的20世纪末，也堪称俗世天马，凤毛麟角。野梵、蓝冰是《湍流》复杂动态结构中最完整、最清晰的诗学建构者，他们代表性地展现了这一诗歌群体精邃的思辨能力和顽强的自由意志。"保持先锋，谨守独立，穿越现场，烛照时间"（蓝冰《独语与互证的诗性合流》），他们已从时代场域、个人语境、诗学观照等多重维度初步打造出一部"诗歌精神史"的精致雏形。

洪湖有丰富的自然诗歌资源，这里也盛产热爱天地、敬畏湖神的情调诗人。诗人杜风是一道深藏于草野的锐利的都市之光。他的诗，为我们打开了一条可能通幽的未竟之途。它也许比过往的时代经典更加艰涩，也更加浪漫突兀。我流连于他"写不出的群山""白象似的群山"以及白日梦中"伤口般的水沟"。1980年代的夏志华是一个执着而真诚的诗歌活跃分子。程光炜兄说，"夏志华的诗歌里没有语言暴力，这是诗人本分近于木讷的写作品质所致，也反映出诗人写作态度上的文明水准"。我当年则更看重夏志华诗歌内部的冲突与激情，他"歌赞令一切弱小"的诗歌命题，他在前途未卜中的语言冒险至今令我记忆犹新。洪湖代表诗人还有夏可君、邵勇、方书华、李传洪、张久凤等。

江陵是岑参的故乡，因而也承袭了吟咏的遗风。这里聚集了齐家银、沙子鹰、袁丹银、望开禄、一国等众多诗词写手。

无论从地理天然、人文风貌还是从诗歌"星相"上来观察，松滋在我眼里都是一处风水宝地、一座风情曼城、一片诗壤原乡。刘洁岷、杨章池、黄勇、铁舟、拉家渡、莱马、刘盛云、周晓胜、杜丽君、老贝、肖尚能等诗人如疾风劲马般从这里脱颖而出。

出生于松滋拉家渡的诗人拉家渡少年英武，写诗出道皆早于同侪。所有城市都是诗歌的异乡。拉家渡也许更乐见于现代的奔腾与劲爆，以及伪文明巨大霓虹后的冰冷与凛冽。他的诗歌安然耦合其中，且得穿梭之乐。出落如奶油般的拉家渡甚至在抵临20世纪末叶时，也酷似一个理想主义时代的诗歌列强。他发狠，"必须活，活过那些命中的黑"；他起誓，"我想到达的地带，必被时间和艺术看见"（诗集《天堂的马不远》）。我早就知悉，拉家渡的"生命体诗歌"一直是冲着天堂中的天籁而去，这"音乐"使他的诗歌表达更趋向神秘和崇高。"纯粹的声音是启示之音"，"梦幻大地写下了固守者的诗句"。作家梅洁认为拉家渡是一个"信仰绝对精神的少年"，"小小季节的果子流落在峡谷，命运的庄园如此不可逃离"。而拉家渡在诗歌使命的暴烈坚持中并没有成为一个擦枪走火的人，反而因诗歌的劳役修正了他与生俱来的宿命。在从少年歌手到青春赛手的人生嬗变中，拉家渡从卡夫卡的城堡奔出，迎接他的正是"昭示大地的神性之光"（海德格尔）。是的，他在"那返青的恩泽中，追问光芒"（《致小麦》）。

艾青曾言："每个人都有自己的诗神"。2002至2012年，拉家渡在天空之城广州连续策划主办了颇有业界影响的珠江国际诗歌节。这是一个松滋青年罕有的信念和情怀，"从一个梦想到另一个梦想，非同一之物复苏；而这更新，亦即梦想者的新生"（加勒东·巴什拉）。

监利是荆州的人口大市，诗歌写作群体也等量可观。这里基层社团密集发达，创作氛围浓郁深厚，吟咏达人层出不穷。更有散落异乡的"外省诗人"独步江山，自成雅颂。监利诗歌的代表诗人有许玲琴、懒懒、张洱洱、何楚亭、李斌平、刘将成、项见闻、曹玉治、罗秋红、李雪川、素手、陈德山、姜昌军、刘发扬、陈安雄等等。近几年，李雪川、曹玉治、罗秋红屡有精彩佳作问世，项见闻在北京发展，"三味诗栈"办得风生水起。

许玲琴是写"时间伤口"的有心人。她的诗歌能迅速化解生活的强加和残忍，她毫不吝啬地"释放出体内的芬香"。她早已穿过黑夜，穿过"春天最深的刀口"，自带光芒地书写"晦暗中的破碎"。从《雾里的窗》（诗集）到《琴的左弦》（诗集），许玲琴曾有过漫长的诗与思的操练之路。她是一个聪明人，总是能在略带忧伤的坚持中重返光明之境，"一场雪没有跨过自己，一首诗跨过了自己"。许玲琴大抵是能在诗歌中获得美好生存的人，她在对古典的光大中为荆州诗歌的历史传承和创新提供了有益示范。"铺展的江山中，肉体一寸寸沉沦……杏花依然开在一阕词牌里，成为一行瘦金体上的美人痣"，她的《瘦金体》是写尽江山悲情的凄绝吟唱，不可多得。

早在1970年代末，蔡德林、王之勤、王崇新等就在石首县乡镇成立诗社，创办了油印诗刊《青年的梦》。诗刊流传到城区绣林镇，匡世红、蔡军等人也因此创办了《绣林诗朋》，张志凯创办了《墨花》，刘勇创办了《七彩》，他们彼此摇旗呐喊，遥相呼应。后来，蔡德林入驻《石首日报》"笔架山下"文艺副刊。一时间，整个石首诗潮激荡：王十月、刘继明、江帆、李道新、邹贤尧、黄于纲、王兴国、刘精源、张从文、邓原林、薛永刚、马一舜、苌楚、扬子江、刘学玉、楚子、刘湘、陈笑海、王承文、刘向阳、王钊张斌等人雨集其间，令小城新诗锦绣如林。"他们只是一些草木一些枝叶，被远方的歌声感召着摇曳。他们是一些失眠的人，熟悉城市的每一条背街僻巷，他们深陷的眼窝里，隐藏着我们时代的一些重大事件"（蔡德林《城市落英》）。

泛荆州地区的天潜沔，是当年诗歌群体中最兴旺的部落。限于篇幅，另文再论。

双人行：理想与趔趄

1980年代的荆沙不缺诗人，缺的是集合诗人的诗人。1988年，沙市突然来了个刘洁岷。而正是刘洁岷乃至后来杨章池的先后出现，让荆沙诗歌的集合及外延格局的拓展与改变产生新的可能。他悉数召集摩舒、浮石、朱瑜、蔡翔、皇甫良子等一众青年，知行改弦，诗途易辙。他们迅速在全国网罗第三代诗人的各路英雄好汉，悍然打通诗歌江湖的旁门左道；他们沿路招兵买马、广扩阵地，推出了各种诗歌专版、专号及诗歌流派丛刊和个人专辑。一套包括高柳的《伸出五指或看不见的真》、刘洁岷的《躺着的男人与远去的白马》在内的《中国诗人丛书》系列首印10000册，连同高柳在百花文艺出版社新版的16500册《蓝色的幽默》涌向全国。随后，高柳又以首印15万册畅销小说《圣的恋季》稿费作为"诗歌基金"，大肆拓展"诗歌大业"。在此期间，全国大量个人诗集、选集及有影响的诗歌刊物纷纷涌入荆沙，而沙市则名副其实地成了这些新诗读物互换交流的集散中心。一批如《非非》《第三代人》《现代诗内部交流资料》《汉诗》《锋刃》等卓有江湖地位的诗歌同仁书刊挺进荆沙，直接激发了沙市《世纪末》的强力突击。而"非非三剑客"杨黎、周伦佑、蓝马在"沙市秘密诗歌据点"的聚集与串联，则将荆沙现代诗歌的实验性写作推向颠覆性高度。其后，除《世纪末》外，《南京评论》《先锋诗报》等有全国影响的诗歌报刊还一度将大本营移师沙市，直接由我们在当地轮值主编。1980至1990年代，那是一个你方唱罢我登场的走马灯式的诗歌江湖时代，全国大批诗人因诗歌与荆沙结缘。

1997年，刘洁岷在沙市码头和荆江风浪中几经颠簸，终于结束了他在小城的江湖诗歌岁月。他的再度诗歌远行，以及他不以艳香媚俗的本色写作所收获的自足之果，也在我多年的不断狐疑中豁然清晰起来。

刘洁岷早年始终坚持并变革着他从容的诗歌，他在缓慢中的敏感与对技艺的"内修"使得他诗歌语言处于一种高度克制状态。在一种繁杂、开阔的言说中给人以本质上有些纯净又有些模糊的印象，并将阅读者渐渐浓郁地笼罩起来——这便是其"平淡"的突出。这静悄悄的诗化过程，不仅是人性的智慧彰显、理性的神示，也不仅是诗人对突破语言自身桎梏的耐心和勇气。它首先是一种对事物的客观性极其普遍联系和发展变化性的尊重，同时也是诗人对客观世界的主观把握与思维之中对语言、语义的模糊现象的深层认知。

刘洁岷是诗与非诗的勾兑师，是诗意和恶俗之间的调解人，是中国诗歌复杂类型的探索者。21世纪以来，他依然从容但不囿于克制。他试图尝试将诗的单向度呈现幻化为诗的无所不在亦即穷究诗歌的超然之本能。其诗歌的诡异在于，它不是在克服下坠的"坏"同时趋向上升的"好"，而是在直接跨越崎岖的"美"从而一举坐拥终极的"善"。他梦呓般的语言乍现所无意凸显的，无非是一些漫不经心的、明显失重的、似是而非的结结巴巴的汉字。它的狡黠之处在于，那些被庸俗、被伪装的"真"，就深藏其诗之道行之中：真并非美或好，真击退所有的形容和修辞，真最终显现其本来面目。他东成西就，气象诡谲。在我看来，无论从个体存在还是诗学表达的角度，刘洁岷都是一个难以聚焦甚至是难以分类的人。

建设志：回归与惊喜

"春天的罪恶，世界一夜之间，改变了颜色，如果你拥抱春天，就会高举愤怒的拳头，向幸福开火"（高柳《道路》）。当活力四射的诗歌业态被挤压、扭曲乃至最终朽化变形；当思想遭遇腐蚀和溃败，诗意的大地倾然变得萧瑟连天一片荒芜；当轰然作响的商业马达与闷雷般突进的市场坦克直逼人心，诗歌、艺术以及道德的超级市场继而兵荒马乱、遍地哀鸿。此时，在中国庞大的诗歌队伍中，存活着一批勇敢的诗歌苦行僧，他们有如偏安一隅的王子与孤臣，在时代大潮顺流的边缘和逆浪的中心茫然空旋。诗人杨章池正是于青黄不接的诗歌休眠期在他的故乡松滋悄然完成了自我操练。而此时的古城荆州，楚庄王故乡的诗人们早已不再一鸣惊人、一飞冲天，往昔诗意栖息的宾阳城楼业已人烟渺渺。有些独孤求败意味的杨章池与当年的刘洁岷一样，鬼使神差地悄然潜入这座春风不度但诗根未泯的暮光之城，继而成就了他与一众诗歌孤兵散勇的旭日东升。

毫无疑问，杨章池是荆州诗歌主体回归、诗人集优聚合的重要推手；而潜伏多年蓄势待发的诗歌宿将铁舟，则是这场诗歌盛宴的掌勺大厨；少壮诗人陵少的异军突起，更是催生《垄上诗荟》、引爆荆州诗歌现象级事件的灵魂人物。在杨章池的主持下，这个以荆州为中心、以《荆州日报》为聚合平台的充满朝气的诗歌群体，从围城内的区区数人旋即整合各路人马达数百之众，短短数年之间便形成具有全国影响的巨无霸诗歌后浪群峰，这在日益小众化、自娱化、内颓化的中国诗界实属罕见。《垄上诗荟》诞生至今，已出版 506 期印刷版及融媒体电子读本，全国 3009 位诗人在这个平台发表了 6626 首诗歌作品，其覆盖面之广、传播力之强，令人惊叹！

杨章池是"70 后"诗人中类型化极为显著的内驱型实力诗人。他诗歌的显著意义，在于他对中国巨大城镇暨县域心脏的精致描摹。我无意于夸大世界乡域写作对中国诗人的影响与暗合，但杨章池分明就是一个具有符号意义的不容忽视的存在。他睿智地投注于这一切近自身的天然资源，并果断将这种资源诗意地一一呈现。我将他的诗集《失去的界限》《小镇来信》看作当代诗歌城镇风物志，从题材挖掘到现代性的处理手法，都堪称是当代汉语诗歌在地域写作领域的翘楚：《骆驼走在民主路》《寻找戴老式眼镜的人》《塞窣》等都是其代表性篇章。在我看来，与其说杨章池创设了一个地理文本，不如说他掌握了一种叙事秘密。他总是能在现实与虚拟的交互中找到生命的灵动与惊喜，他甚至还能在俗世的苍茫中天目大开，运笔如神："一切多么美好，我向要世界，再做一个鬼脸。""'那么，怎样变出你未曾梦见的事物？'/ 黄钟大吕，八音齐鸣 / 万千之我从天价邮票中抬头：/ 来吧元宇宙，进入我。"他的诗正如他的人，常常在生命的荒芜和贫瘠中带给我突如其来的喜悦。

鼎新记:"老将"与"少帅"

在中国诗歌空前繁荣之后再度遭遇盛极而衰且生态堪忧的大背景下,荆州诗歌也随着时代的震荡坠入沉寂空落之中。正是在这个时候,荆州诗歌的"老将"与"少帅"出现了,他们是铁舟、陵少。僵局被他们打破,陈梦被他们唤醒,那些离诗歌渐行渐远以及意欲卸下行头金盆洗手的人,又一次被他们的诗歌热忱感召和吸引,逍遥、浮石、荆江、飞洋、郑伟、宋世平、杜若、心河等顺利越过冬眠期的诗人纷纷接踵而至,杨章池和"诗歌保姆"柳柳也正当其时地为这批诗人的集结以及他们共同打造的《垄上诗荟》进行了划时代的整体推动,因而我对这群诗歌下垂年代仍追随缪斯且诗意芬芳的"归来派诗人"的称颂与赞美,既迫在眉睫,也理直气壮!

铁舟算得上是荆沙诗界的老江湖了。确切地说,他更像荆州年轻诗歌分子行为艺术中的带头大哥。他提升了荆州诗人的聚合效应,促进了荆州诗人与周边乃至全国诗人的交流与互动。在他和杨章池、陵少的带动下,荆州诗人的活跃度节节飙升,他自己的创作也同期进入了一个小高峰。他的诗歌隐喻在《供词》(诗集)中一目了然,他的诗歌品格在《松针上有蜜》(诗集)中渐成一脉。他的诗歌文本与杨章池恰似一对连襟,开创性地为荆州现代意义上的泛乡域写作树立了难得的榜样。作为一个从传统起步的诗人,铁舟并没有本能、天然地固守"东方中庸主义"的写作路数,他忍痛弃绝了向内的、向死的、自戕式的诗艺"葵花宝典"。他打开了智慧语言的盒子,他把住了现代与古典的机关,他找到了"每一株植物都有不可言说的秘密"(铁舟)。

因此,我把铁舟称作是寻找生活秘密的诗人,也把他归为优秀的技术现实主义诗歌的典型代表。他一次次穿越形而下的污浊和形而上的迷雾,直接抵达现实与灵魂"最核心的部分"。刘洁岷曾指认过铁舟代表作之一《在纪山寺》的力量:我觉得就在于其经过主观剪裁后的视觉的客观性——诗人与其呈现的内容始终保持了一定程度的疏离。一种蓄势待发的语流指向"惊讶",在戛然而止的时刻创造了新的平静("轻松"),在惊鸿片羽的情势下让阅读者获得了评判与参与的自由。铁舟俨然是那个铸炼"外表的光鲜"和"内心的甘苦"的占卜者:他松滋郑家铺的"柚子"早已变成了沙市宝塔湾的"茶",这是不是我们正在追求的无中生有、见异思迁的幸福呢?当然,铁舟是充分拥有了整个乡村和城市要义的诗人,他的诗来自他心中的大地,他的气场根脉相连,他写出了乡村的美好与沉沦,也写出了城市的诡异与忧伤……不断回望的他,正如自己笔下那只"素面朝天的南瓜":"它们不蔓不枝,无依无靠/像一颗硕大的脑袋/贴地倾听与思考"《与南瓜书》。

我在故乡荆州城柳门外第一次见到诗人陵少时,就惊奇于他性情的率真和十足的诗歌火力。他是诗人中少有的谦谦君子。如魔的诗焰,在他的胸中盘旋。在短兵相接中,他展开了诗歌的闪电之战。他在《沿着一条河流北上》(诗集)中迅速完成了冰火两重天的骤然升华和原始蜕变,他秘而未宣的系列长诗《另一个我》则毫不犹豫写出了灵魂的隐忧与震颤,这种颠覆令我的小脑情不自禁地蹦出20世纪的鲜花和炮弹,"那是未曾妥协的/英雄的泪/它从鲦的眼中/流出来/你多么希望/它也能流进你的眼中"(陵少)。陵少的诗,给了人以无限诱惑与共鸣。他诗歌脱胎换骨式的跨越,在荆沙颇为罕见,几乎前所未有。《南礼士路的春天》《小山丘》《鸽子》《过北湖路》《误入时间的麻雀》都是他诗风转型后的上乘之作。他以极短的光阴翻越了诗歌的高山,他以他的极限挑战了诗歌的有限性。他也许悟到了诗歌操纵宏大叙事的苍白与无能为力，因而他自始至终有着一种清醒的努力，有着对辉煌传统普遍怀疑与自身个体重新找回的信心。陵少是一个追梦人，他充分承担了作为一个诗人的骄傲与负荷。在他的历险中，我分明看见他正在成为一个具有诗歌道德的人。他的创造以及他的诗歌艺术与德行正好彰显了诗人哲学家萨特在 20 世纪的命题：诗并不代表道德，但诗人是道德的现身。

陵少的诗，多是在场写作。他的作品题材多元、刚柔并蓄、收放自如，诗之场域弥漫着浓郁的生活气息，所涵盖的信息量足以让人惊讶。他的诗有思考、有情怀，朴素的语言里，充满张力。尤为难得的是，那字里行间，暗藏声东击西的意象玄机。当然，那不是谜团，更不是天书，凡入局之人，自可通幽。

荆州诗人作品选

高柳的诗

无不为（组诗选四）

我喜欢

我喜欢
一树繁花

我喜欢
空空如也

在花间
我遇见了
这两种久违的

惊喜

我遇见
空充满了满
爱充满了
遗漏

我热爱

我热爱
每一条河流
正如我热爱

羞涩的少女
和半老的徐娘

我爱她们
不一样的激流
不一样的美

我爱她们
天赐的神韵
各显其妙

我不喜欢
一只脚
同时踏进
两条河流

我不喜欢花心
但我喜欢
春心荡漾

我缠绵

我要的,是咖啡
我要的,不是水
我要的,是香浓
我要的,不是咖啡

亲爱的,你为什么
还在加水

我要的,是咖啡
我要的,不是伴侣
我要的,是酒
我要的,不是醉

亲爱的,我爱你

我要的,是爱
我要的,不是被爱

我不悔

空名
不必追逐
空中幻朵
不必在握

身外惊鸿
无须过眼
得失是非

皆可藐视

身内有无
身外非无
你若陷入三界
陷入生死轮回
你就应该
过无事中的生活

何为无事?

相逢不相识
共语不知名

钟静的诗

今夜，聆听新年的暗喻

自从过了天命之年
蝉鸣便从耳朵里飞出
特别是夜晚，我躺在旧年的
床上数羊，数到母羊
在黑夜里产下羊羔
我的身体中长出石头
有蚂蚁在啃噬骨血

是谁在黎明到来之前背叛长夜
零点的钟声能否撞响过去
绿皮火车穿过一千公里的失眠
穿不过现实的焦虑
只能盼望黎明漂白我的忧愁
用什么来迎接新年
脚步越来越慢，不敢
迈出最后的踟蹰

六十多年前，母亲在江南
的血红中分娩我的啼哭
将我一生的命运和盘托出
我的宿命早已注定
卸下一切伪装，剩下的日子
如身体瘦骨嶙峋
穿越所有的苦难或幸福
远处的鞭炮声若隐若现
倒数的快乐抵达长安
一杯酒相遇荆州的故人
今夜，聆听新年的暗喻

日　殇

岁月布下的陷阱
等我跌落
每一步都是破绽
祭奠慌张
也许是一路风尘
抖动疲惫的翅膀

也许是一声犬吠想念苍穹
星星的暗香弥漫大地
我已嗅到日出的气息

黑夜不是怀旧的地方
只有白昼与太阳才可邀请
现出原形
日出照亮头顶
日落显映暮光之城
仿佛丧家之犬无家可归
独步一街哀鸣

我们终究向死而生
游走在黄土的边缘
抚摸日子
瘦骨嶙峋

顽　疾

春风吹落飞絮。对春天
过敏已久，阳光是解药
回到家乡，把鸟巢、桑葚
皂角，井水浸泡的乡愁
用文火煎熬

氤氲之气从后背升起
母亲煮一把
香椿芽当作引药
多年的顽疾在
春夜里隐隐
作痛

在春天，如果治愈有颜色
一定是绿色
吞一枚月亮
方可安眠

刘洁岷 的诗

前往布拉格

高速公路边的指示牌由蓝
变绿的时刻我们已经
从德国进入了捷克,在捷克
我见到一只捷克的蝴蝶
那些白云PS在那片蓝天上
我们的车里飞舞着一只蜜蜂
我们看到草坪上没有人
只有家鹅香甜微辣长出胡子
山间没有农舍田野是空着的
那迹象是对农民过敏吗
那旧水塔和教堂尖顶的集镇
有种狂欢节结束后的安静
在森林的边缘我看到
倒地的大树无人问津
我看到一只小鹿我惊喜地
给它取了个名字叫小鹿

和杜甫,露天银矿

> 之子时相见,邀人晚兴留。
> ——杜甫《题张氏隐居二首》

一溜脚步的回声
对应一阵伐木的回声

溪流逐渐解冻了
沿途残雪点点

我穿过乱石拱卫的山口到达
看到你作为闲游麋鹿在那儿闲游

那儿的花草露珠就是你的财产
你的鸣声恰巧覆盖你所说的每句话

月下山谷好似露天银矿
回返的小径被隐藏得不见了

和白居易,绿如萤火

> 江南好,风景旧曾谙。
> ——白居易《忆江南》

智者知晓日出的答案
但未必知晓江花意味着什么
老了,吃根冰棍还得下一番决心
渴意如纤细的茸毛那样从眼睛飞进飞出
江流犹如洪山菜薹被掐成若干部分

杉树针叶挂有东湖夕阳下的靛蓝
一滴念头绿如萤火,或是一只
仅仅能够照亮记忆江南的慢鸟划过
我知道的是我不知道
就这些了

舒和平的诗

雪 夜

一场独自却冷静的叙述
粉丝们，站在眠迟的电视一边
看《繁花》和繁花中的女人

我到不了那儿。世界太大意
光鲜堆积的城头，断桥雪也堆积着
而卖火柴的小女孩又去了哪里

在这举世皓白的夤夜
我移步窗前。所有的浮华或沉重
像一条照进现实的灰线
除了社会能量和良善的分量
人类何以管控自己的阴影？

流 变

整个下午，我都在审视
日渐下垂的自己。云淡天高
只是现实中的一种幻觉
在低烧与冷灰之间
一支烟。沧桑的流水

两只白鹭在河边嬉戏
之前的自在和欢愉
很快就被迷与悟的落叶
所代替。之后
你离开。我数着细碎的影子

像失守的光阴。那些明艳的东西
早被生活溅得满身是泥
但我必须借过，借过
万物的衰老，本质地活着

在秋的边缘

云在云笺上游走,我的水调在歌头消瘦。镰刀
和秋风打扫过的田亩
禾茬蓄着板寸,像一个枯槁的老人
何以再见梦的裙裾
和那个吹麦笛的少年

没人回答。好在冬天是可靠的
它让我们在恣意的雪花中,安坐化境
借梅一吟。我发现闪烁的事物
竟有某种神迷的成分——
我存在于我审视的那粒种子
所拜托的沉默中

曹玉治 的诗

小确幸

独自宅家，热闹是次要的
逍遥自在，正经是次要的

喜欢看电视剧，每部电视剧都好看
都会有一条线索，穿透我的命运
让我成为剧中人或主题歌的最后一句

懒床最为经典，任何睡姿都不违法
枕头和被褥上，开满自由的花
不必担心今天的落日，是什么下场
不必揣摩别人的星空，是何等绚烂
任意想起一个美女，就有了红颜知己
任意设计一场人生，就有了悲欢离合

温饱也是次要的，很想呼叫刀郎的孤雁
让痛彻心扉的爱，抱紧我小于针眼的窃喜

味　道

我钟爱的皮鞋破了
像黑夜裂开了一道口子
不知有没有一缕星光
进去坐过

人在旅途
很难遇见补鞋的师傅
那股曾经涉足江湖的味道
很容易，如流水般走失

突然想起百晟广场的苦咖啡
是她的微笑，划破了我的行走
而今，只剩雪花般的宁静
像一块纱布，敷衍我的伤痛

春归故里

三炷香,请来了列祖列宗
前世与今生的烟火
在曹家墩的天空,次第绽放

鞠躬和叩首
是最真实的原创
像风吹草低,像日落黄昏

小宝们也附和着跪了
他们拿不出像样的虔诚
如同我,接不住老屋的一声咳嗽

父亲和母亲,都在墓碑上过年
他们的年,只有两碗饭
一碗生,一碗死

草对我说,故土永在
生也是春,死也是春

罗秋红的诗

春风里

田埂已从寒冷中醒来
溪水的晚笛也从花影暖阳里
找到了春风里的裸体画

稻草人也看见赤橙黄绿
从泥土里探出细长的身子
抵达春风的宫殿

春花已不再藏匿歌舞绝技
拐个弯,就与宫殿里的
粉红色姑娘,走向了
大自然的画布。

在阳光下,稻草人与毛毛虫
搅拌苔藓里的唱词
而春风举着万物新芽的谱子,
奏响了前世今生的交响曲。

街　灯

盲人说,头顶上的街灯
是妈妈手上的马灯。

偶尔一闪动,
一根棉线便牵引温暖火苗,
照亮他的单薄。

偶尔用一枚硬币,敲,
一只玉兔便从灰烬中
跑出来,为他
拨响思乡曲。

此刻,他把街灯下的
影子,嵌进蛙鸣。

直起腰杆,用歌声撑起
一只蓝翠鸟留下的
遮羞布。

死亡谋杀了钟声

死亡手里有长长的鞭子,
当它内心躁动时,总会拿着
长长的鞭子抽打钟声。
死亡说:谋杀了钟声,
世界就成了一帧遗像。
白天的铲子挖出隔世的饭菜。
而暗物质拥有颠覆性思维,
猜不透火柴盒的心事,
却给你送来微生物乳液。

秋风一拐弯,死亡的鞭子
就抓住蛐蛐的歌声。
一只装满休止符的瓦罐,
深入其境,有无限可能的猜测。

李雪川的诗

还 米

腋下挟着洋瓷盆
升子倒扣于胸口
母亲,走在村庄的露水里

蚕豆刚结青荚,麦子尚未变黄
每年春荒,揭不开锅,不好意思再向邻居开口时
项河的姑爹总会送来一麻袋宛若珍珠的大米
一粒一粒,溢出清香,散着热气

母亲走得很快
这是第五趟,南头到北头,东家一升西家一升
早上的阳光,羞怯而温暖

借人一口还人一斗
母亲用升子舀满,礅一礅,用手压一压,再礅一礅
母亲用双手捧,再用双手捧
升子堆成一座小山了
母亲才含着笑,走出邻居的目光

母亲走在露水里
鸡鸣犬吠
细细的炊烟,缓缓地升起

老 伴

老伴做完肠镜,护士叫家属
我推开检查室的铁门

她躺在病床上
怏怏地望着天花板
我帮她穿上鞋,用尽全部的笨拙
为了这第一次
我仿佛训练了半辈子

我扶她坐起来,轻抚她的背脊
她一下抓住我的手
顺势,将头埋进我的怀里

像一个做错事的小姑娘

我们没有说话，只交换了眼神
我搀扶她走出医院
那久违的姿势，恍若前世

黄　昏

要深秋的一天
江滩的银杏叶，砌成一条小径
要江流如幕
有几圈白鸥画出的鱼尾纹
要看得见远山
夕阳摇摇晃晃，如一位蹒跚的过客
要有你在
我们两手空空，摇摇晃晃
向下游走，一前一后
要我们的影子
拉长一些，再长一些
要叠在一起

有所思

寺庙，坐在广场对面
市声中梵音入耳
尘埃里泛起青烟

一些人进去，抽到了自己的签
一些人进去，还了愿
还有一些人，进去后就长跪蒲团

杜丽君 的诗

说到葵花

说到你，就是说到我
以及无数个隐姓埋名的我们
说到初心如寄，满天星斗
田野上春风浩荡
忠贞如泥土的人
常常悄然落籽，粲然开花
一辈子只做这两件事情：
埋头审视内心的河流；
昂首诠释太阳的光芒

稻谷溪

一群鸟儿在湖面上飞，约等于
一千朵浪花飞过水杉树、湖心亭
拥抱紫色千屈菜
它们箭一般地掠过头顶
消失于湖面与天空完整对称的美好
它们，不只是它们
每一条路径都指向静水微澜
逆动的光波在美人蕉上
深吻着，落日醉意深沉
它们停下来，一些石头在水边闲坐
我把属于木质长椅二分之一的
空白，留给尘世最干净的风

人和路

走下陡峭的49级台阶
就是人来车往的人和路了
南北向，不长也不短
斑马线两端尽是人世间的
潮起潮落
夏日浓荫匝地，秋天栾树花盛开
长尾雀的鸣叫清澈而婉转
经松滋一桥进入市区的公交车
会在这里左拐，作短暂的停留

毫无例外地卸下
疲惫的面孔，乡音未改的人
它有无数如约而至的可能性
只有我暗地里称它栾树街；
只有你，将吹灭不熄的花朵视为灯盏
让我的等待，远远超过了
364天零一秒

雨中的鸟鸣

橙色预警的雨下了一夜
还没有停下来的迹象
每一片沉浮其中的叶子
都可以视为顺势流淌的小溪
坚硬的地面上
不是水洼的水洼，很多
而以为会消失的鸟鸣并没有消失
它们，依然是它们
它们因为比我们
惜时，恋旧，更热爱逆风飞翔
而愈发接近悲悯的天空
湿润而清澈的泪

杨万安的诗

荆州·桃花

没有人,像荆州人一样
偏爱桃花。三千年前为一个女子
上兵伐谋,并给她的称谓
冠以夫人和桃花

没有人,像荆州人一样
偏爱桃花。三千年后他们东设
桃花山,西建桃花村
在三湖和玉湖,密布桃林

没有花,像桃花一样
丝质绸滑
它们招蜂,引蝶,绚丽枝头
又跌入尘土

没有花,像桃花一样
适配女人——

她们站在江山之巅
或江山的对面
你可以兼得,也可以选择

新年祭

新年墓碑旁,对先人的
祭拜,是顺应生活中的一次回头
那么多,熟悉的新面孔
——才几年时间
有人老旧,有人初长成人

江水的流向
因某块高地而成为节点
再分出长长短短的
支流,不经意间
又在奔赴中汇合

薄酒过后，都将分途
人间辽阔——
海浪在远方舔着朝阳
烟火在故土缠绕
岁首年末

冬　至

菜市场内人声鼎沸
大包小袋的鱼、肉
都被讨价还价的
老人们带走

腌过几天后，阳光下
晾晒的腊货
像吊挂在火盆上方

一位背靠枯树的老人
昨天跟我聊天，他扳动手指
说起——
什么时候落雪
什么时候化冰

谈到喜鹊叽叽喳喳
飞回来时，他年轮深刻的脸
突然展开了
柳条一样的明亮

铁舟的诗

冬至日：大小考

人类创造数字
从个十百千万开始
依次为：亿兆京垓秭穰沟涧……
数字越大，名字越美
之后还有：恒河沙，那由他，不可思议……
古戈尔……不可说不可转……
绝对无量大海，绝对无限大数……

人类探寻宇宙
宇宙之外还有宇宙
比地球大130万倍的太阳系
也只是银河系里的一颗尘埃
人类赖以生存的地球
连一颗尘埃都算不上
而在这小小亮点上住着的人
每天却纠结于各种名利爱情

这些无足挂齿的小东西
哲学上说，大与小
终极指向无不是
两个字：虚无

而在一滴飘渺的水上面
一对蜉蝣，采采衣冠
人间一日
就是它们的一辈子
它们一生只做三件事：
出生，交配，死亡

与南瓜书

去合心村的道路两旁
杨树叶哗哗鼓掌
高高在上的纽荷尔橙
南丰蜜橘，红心柚子
扎根泥土的萝卜、白菜
蒜苗、菠菜和茼蒿——

这些世上最美味的东西
值得你一见倾心
而最让我怦然心动的
却是田间地头
横七竖八
素面朝天的南瓜
它们不蔓不枝，无依无靠
像一颗硕大的脑袋
贴地倾听与思考

偷鱼的人

每天清晨，窗外的小路上
都会准时传来
一位戴旧帽子的老妇人
踩踏三轮车颠簸的响声
以及她隔一小段路后
才喊出的一句
卖鱼的叫声
我不买鱼
但我每次都会
开门将她叫停
看看车斗里摆着的几条
还在滴水的野生红尾
问一问鱼的行情
简单的交流之后
我会长久地盯着
她踏车远去的背影
像盯着我在禁捕期
偷鱼的母亲

陵少的诗

一个人在异乡望月

即便把月亮望穿
你也不可能看清那个
跟你想象中完全不一样的
世界，你也不可能在这个
正在死去的衰老躯体里
找到那个被藏起来的
圆锥体。它把你困在这些环形之中
困在这深邃得见不到底的秘密里
让你在孤独背后，去体验巨大温差
带来的煎熬，即使在38.4万公里之外
你都能够感受到疼痛

它撕咬你。像一匹木马
孤独地旋转。在这旋转中
你感受到光，看到银子一样的清辉
洒向大地。那种无垠的纯粹与美，来自
死亡，来自我们身体里面相同的
元素。但是，我却无法告诉你
为什么我们在本质上遵循着相同的
规律，彼此间却存在那么大的差异

也许，一个冷冰冰的天体
也可能有一颗滚烫的心
当这轮全天下最美丽的月亮照见你时
你也就看到了有史以来所有时间里的月亮
你也就成了这全天下最多情的月亮

但它同时也是全天下最无情的月亮
甚至，它是落在你茶杯里冰冷的
倒影。那里曾经照见过樱花树下
一个女子的眼泪。而现在
它却只能照见——
薄情人的白发

观白鹭书

一整天，你都沉浸在
飞翔的状态中
你看着那群白鹭
在暮色里飞
在星岛湖上空飞
你看着它们扇动
人字形翅膀
仿佛受到了神的
委托……

那群白鹭，没有消失在
视线的尽头，而是
从屏幕中，飞进
——无数双眼睛里

亲爱的白鹭
请你告诉我，你们中
哪一只是在为我飞？
亲爱的白鹭
请你告诉我，你们中
哪一只认识前世的我？
我知道，屏幕里流动的
气息声，那羽毛划动天空
发出的"噗嗤噗嗤"声
是你替那些身陷囹圄的
人们，带来的自由

亲爱的白鹭，你看见
湖水里自己的影子了吗？
那也是我们每个人的影子
你看清飞翔的方向了吗？
你认为你在向前飞
但有没有可能，你其实没有飞
只是那些景色在倒退？
你看见那些和你的翅膀
并排飞翔的翅膀了吗？
如果没有它们，你还能不能
在那黏滞的湖水里
独自飞？

亲爱的白鹭，我想告诉你——
你所带走的，其实并不是我们
被禁锢的自由，也许只是
一种遗憾，我们虽然不能在飞翔中
获得想象中的自由，但
终其一生，我们总是可以看到
天空中，那道被翅膀划破的裂痕……

毛运秀的诗

有人来向我打听你的消息

有人来向我打听你的消息
我也在有迹可循和无计可施中寻找你的信息
但我不告诉他们

比如晚上
穿上你的衣服在左边躺下
再换成我的衣服在右边躺下
我还会搬开床寻你给我买的发夹
我也会像你一样能从热气腾腾的蒸锅中将菜端出

有时也会像曾经那样趴在窗口看星星
星星旁的云朵
它们在我的眼里飘移着靠近
仿佛我的手就要触到了

六年来这手一直没有放下
他拿起书,拿起笔,拿起衣服

昨夜梦里这双手抚在我的额头
像熨斗要抚平皱褶

红被窝蓝被窝

两团褪色的火在雪地上烧
二十八年的经纬清晰
绗缝针脚里埋着
我们的月光与晨霜

苔藓爬上棉絮时
我们正用体温
勘探彼此褶皱的盆地

如今并排躺在床上的两床被窝
仍然鲜亮
第三颗纽扣形成的钟摆
在空空的枕头上丈量

爱原来是被反锁的抽屉
当蓝被窝再次映出你的轮廓
我把自己蜷成红色的被窝

暴雨正赶往荆州

下午一点半
回荆州的车追上我
我们并排看信息
已是三月，杏花落，桃花凋
天气预告说四点暴雨赶往荆州，现在是两点

"我会在暴雨前赶回
然后
然后呢……"
然后
我想把过期的短信再发一次

我是在暴雨前回到荆州的
骑单车经过关公庙、张居正故居、屈原像
又绕道去市场

买花，买冥钞，买玩的，买穿的
现在什么是你需要的
怎样才能让你好呢

一锅水开了加，加了烧
而你始终沉睡
乌云压顶
菜花的黄在对岸尖叫
亲亲，你就这样
将我搁在没有你的世界

项见闻 的诗

墩

洪水褪去尾鳍
泥沙的骨骼,风化成墩
青苔杂草年年生长,发芽
裂变成无数个村庄

或高或低
或圆或方
这些被称为墩的土堆
是祖先埋进地里的界碑
碑文上,铭刻有历史的痕迹
和大溪文化遗址的印记

炊烟袅袅升起来
链接古今
竹简里长出故事
陶罐里倒出传说
古墩上,老树盘根错节
枝丫穿越时空
模糊了时间的分界线

临别之际
云梦古泽将墩,做成一枚枚徽章
别在了江汉平原的胸膛上

塆

山不转水转,水不转的地方
名:塆
监利县志中这样记载,可村里老人
不这样认为,他们说
能停泊渔船的地方,才叫塆
能改变以船为家的地方,才叫塆
塆,是渔家人的避风港

在这里,上不上下不下的,叫中塆
住着匡刘两姓的,叫匡刘塆
只有两户人家的,叫二家塆

有一孔窑的地方，叫窑塆
塆，是漂泊为家的人，歇脚的根

江汉平原上，一条河
连接另一条河
一个固态的塆，会帮你切换到另一段液态的往事
塆，是死去的苦难
又活着的见证人

如散落在江汉平原上的珍珠
塆，镶嵌在绿色田野间
洪水肆虐时，塆是避难高地
和平岁月里，塆是永不谢幕的舞台

台

筑土为台，台就有了归宿

如庙台，属于菩萨
章华台，属于楚国
望江台，属于渔民
而肖家台、柳家台、李家台
自然属于肖姓、柳姓和李姓
冠以姓氏标志的台名，是地理坐标
也是姓氏的领地和符号

早先，江汉平原是一块未开发的蛮荒地
打鱼为生的先民，谁捷足先登
谁就能先发现新大陆，宣示主权

而今，一台已成一景
一台有一个沉淀下来的故事
我站在台上，拜谒筑台的先人
四野寂静，他们已隐身
或涅槃
只有风，与我做遥相的呼应

许玲琴 的诗

吴家巷桥

我第一次上朱河街
桥头的热闹依然在记忆中呈现
箩筐里的麦李子、桃子新鲜诱人
五十年不改其色
我有五分钱和五岁蹒跚的脚步
五分钱买了一兜大白菜
面对鲜桃
只有流口水的份
忍不住拿了一个
吓吓惊惊的心，中年还在体会
那是我第一次远离赵许村
跟着村里大孩子
途经两三个不知名的村子
行七八里路，沿途捧河水喝
正是五月端阳
我不知道屈原
不知道这摆摊桥儿的名称
成年后，我多次返乡经过这桥
它有车马喧，面孔老旧
再无儿时的琳琅满目、声色香尘
桥头两米远卖贴锅盔的
是老时光下的影子，一代又一代

迎春花

春天的领跑者
春之长廊瞬间亮起的小灯笼

春天这座华美大厅前
侍立的礼仪者
有着最流光溢彩的笑容

春之飞檐翘角上挂着的
柘黄小铃铛
春天一展歌喉
一曲高音在缭绕

春天摆放的花篮
垂下来的枝条
柔韧度刚好
像拥抱

太阳掰下的一小块
春天的体温
是童年含在嘴里的糖块
被吮得晶亮

每一树花事都是流水

一棵树举洪荒之力
那么多彩色河流
那么多芳香的河流
不疾不徐地拍打风之岸
打着漩涡
乌鸫是乌篷船
喜鹊是画舫
麻雀是小户人家的划子
如大地的河流一样密布
容易迷失
春水涣涣
你驻足聆听半空中
水波的喋喋声
它们千转百回
慌不择径
每一条枝干都是支流
丰盈、干涸
皆有其宿命

姜昌军 的诗

杨林山行

每一次迎着流水行走，就是得到了
陌生人的祝福。杨林山脚下，
流水腾出了领地，供行将就朽的石头
安身立命。斑裂的纹理，赭褐色的
暗色调，是奔跑在流水之前的喘息。
此刻，山站直了身子。这田畴之上的
制高点，终于无路可去。山顶有
开凿的水井，道士刘长风在倒伏的
构树丛中穿行。他不打水，只在井中
看自己皱裂的面孔，也看竹影鸟儿
白云飞。一颗松果落下来，他听到了
菩萨的应答。冬日惆怅，他又一次
引领游人下山。他回返至山腰时，
风，把满山的枯树叶吹响。

春　信

最初，布谷鸟的鸣叫是从他的胸腔
发出来的。出其东门，一丛丛野桃花，
顶着锦绣的绸缎在疾走。清亮的流水，
像熟睡中的婴孩睁开了眼。辛夷花正好
走到了泥土的怀抱。湿润的田畴，像洞悉了
他的企图而微微抿起的嘴唇。并非
一个新时代的到来，春天因大地
散布了太早的花事而踌躇。油菜花
在迟暮中结籽，金黄的头饰渐趋暗淡。
爱与被爱，遵从了时序的意旨，
而非一生之中所仅见。唯冒头的青草，
惯看了死生契阔，在浩荡的春风中摇头。
一场春事，不止于大地敞露出处子的
胸怀。而像在托举，把鸟鸣，花开，
万物生再一次呈现在如此空寂的人间。

宿 命

只有流水，无问西东。他们
伸展得如此辽阔，十方虚空
不能容受。他们又抱得那么紧，
哪怕崖壁上撞得血泪飞溅。
不要试图截取一段流水，
天空，将无所依附。

流水只是一个急于返乡的人，
他席卷过青绿的稻田；践踏了
柳树林；掀翻过渔船；带走了
深陷迷途的汉子。而劫后
漂来的一块浮木，又被流水
轻缓地送出。

我坐在鄢铺渡的草坡上，星子
像流水抬起了头。这漫天的空
和流水一样巨大。仿佛呼啸
而过的光阴，是我内心一万次的
演绎和寂灭。

吴利华 的诗

冬天取暖的N种方式

小时候过冬,父亲会生一盆炭火
还是觉得冷,母亲就灌个热水袋
或者再加一床被子,将我的脚揣在怀里……
成年以后
我竖起衣领,如雪花将自己抱紧
在人世已行走半生,仍觉得
如今冬天的寒冷依旧,即便
家家户户安装了空调、地暖
在乡村甚至可以架一盆炭火
顺便埋几个土豆或者红苕烤一烤
掰开的香甜填充齿间的寒冷
再把目光投向城市的灯火
城市再盛大,却无法拾柴
燃起一堆篝火,温暖人心
那么多骑电单车送外卖的年轻人
如北风穿行在大街小巷里
那么多孤独的老人,脸上的皱褶
仿佛掉光了叶子的老树皮
蔫坐在冬日午后向阳的高楼下
怔怔失神。手机倏然响起
随之隔空传来一声问候
渐冻的心,才慢慢回暖

伏天偶记

出伏在即。阳光灿烂
使人眩晕不已,陷身
热浪汹涌之中,旷日持久
空调外机巨大的轰鸣
完全盖过了撕裂的蝉音
在我居住的沙北碧桂园小区
俨然就是个灶上的蒸笼
人们脸上散发的焦灼
与绿植的萎靡几无二致
跳操的大妈和闹腾的孩童
也销声匿迹了多日
早晚仿佛都被煎熬

每每只有进入地下车库
倒是个凉爽的福地所在
但我却总看见生活的不堪
常有与我母亲外形相仿的老妪
头发灰白，佝偻着身躯
挎着一个蛇皮袋，在拐角的
地方，埋首于那垃圾桶拨弄
像扒出了谁的隐私
让我一秒都不想停留

浮石的诗

母亲和苦楝子

小区曾有一棵苦楝树
淡紫色的小花撑开一片天空
母亲年迈,每一个晴好的傍晚
会在那里盼我

数着留有锯痕的年轮
我捡起
滚落满地苦涩有毒的果实
泥黄色小小的楝子
母亲说,熬成油膏可以治疗头癣

我要去找你,母亲
告诉你三年来,发生在
尘世及我身上的事情,还要问
有没有别的秘方
用来治愈薄凉的人间

"妈,你醒来
好吗?"我轻轻拍打
冰凉坚硬的石碑

大雪落在时钟之尖

1971年,你7岁
我在你腕上,用圆珠笔画了一只
手表。你将它藏在袖笼贴在耳边
大雪在天空赶着羊群转场
我们听到嘀嗒嘀嗒的声音

1931年,27岁的西班牙男子
用画笔将一只钟表挂在枯枝上
那是深秋,落叶已尽
另外一只,被搭在
一匹躺着的"马"背上
恍惚中,我认出那怪物
是我童年羊群中的那只羔羊

还有一只，被他折叠在
一个大箱子上。隆冬已至
他从身体里掏出金属
一样的蛹，就像
他掏出口袋里紧贴心脏的
时间一样

2024年冬天
我在这幅画中，找到了
戴在你手腕上那只手表
那一刻，我听到
雪花在窗外拍打着雪花
还听到了
时间倒流的回响

槐　花

晨练的人陆续散去
"刷——刷——刷"的清扫声
从豉湖公园的角落吹来

槐花，白蝴蝶一样
在空中拍打着翅膀。然后停下来
在欧式铁艺长椅上或之外

沉淀的光影
用斑点镂空它的今生
我在一直钟爱着的蓝天下
漂移，残留与重生
启动了实与虚的轮回

远处，闪电开始拨弄琴弦
我也起身，准备离去
听见惊心动魄之声中躁动的四月
在身后兀自打开

刘敏的诗

这一天

这一天是块磨刀石
我们把自己放在上面，还有一些
沉重的东西，反复磨，一点点磨
让自己痛让石头痛
这一天世上只有一条路
我们都走在同一条路上
它带我们走到这个世界的反面
那里有我们泪流满面的亲人
这一天应该有一块云，淡淡的云
在我们头顶，随我们行走
那么多失魂落魄的人
牧笛一遍遍抽打
细细的雨轻轻飘洒在眼角脸庞
这一天，国家放假，人民放假
谁也没有理由可以拒绝
我的不肯直起腰来的父母
终于可以放下手中的镰刀

贴门神

我从板凳上跳下来的时候
两块杉木大门突然来了精神
父亲和整个家都在笑
好像那对金铜双鞭后面
真有了值得守护的财宝
就这样一年又一年
丰稔和饥荒，生长和瘟疫
一次次从门前走过
两个古老的人，从宫廷到民间

望黄昏

每天这个时候
少年就坐在麻石门槛上
书包，装满野菜的竹篓子和小黄狗
是他忠实的伙伴

昏暗抢先进了他身后的堂屋
他是如此害怕黄昏中的黑暗
他每天执着地望夕阳
望夕阳下的黄昏
他希望它留下一点光亮为他壮胆
留一条可见的路径
快点把黄昏带到田野
黄昏也会带去凉风
他知道
只有深深的黄昏
才能把母亲带回家

春 分

最精准的一刀，分割阴阳
每年一次。1993年
也是最痛的一刀，不然
那个坐门口的老者
望着渐渐远去的白幡
为什么老泪纵横

只是不知
为什么是同一天

刘盛云的诗

远山那么蓝

山间，我们坐对一湖碧水
欲望正如钓丝，看似松软，闲散
却暗暗牵扯一记难得的惊喜……
云朵俯瞰人间，不动声色
往它想去或不想去的地方又近了一步
它那么白，那么无忧无虑，想必
泪水不曾满腹，而阳光灿烂，恰到好处
虎头蜻蜓只顾贴着水岸疾飞
来来往往，像慌张的寻觅者
摇晃的菖蒲，扩散的波纹
显然都不是相关的线索
如果，它肯歇一歇，它想要的真相
也许便忽然浮出了水面
"远山为什么那么蓝？"你忽然问我
是啊，远山为什么那么蓝
我一时给不出答案，却可以肯定
此刻，你已经忘了
那早就投出去的香饵

暮春记

"快点还，快点还"
整个上午，林中的那只鸟
这执着的追讨者
以近乎循环播放的方式发声
声音有血的气息，石的质地
而循声能够望见的，只有枝叶
在轻轻地震颤，飘摇，或起伏
那只鸟所要的，到底是些什么
你看它那么决绝，那么急迫
而现在春光渐老，你看众生
有的趑行已久，譬如豌豆结荚
有的刚刚启程，譬如橘枳开花

蓼儿花

这年初冬，三坑河滩的蓼儿花
大片大片，开得如诉如泣
北风劲吹的时候，它们以波浪的姿态
隐藏起牛羊离去后的孤寂
顺势将寒鸦的影子，铺在水面
一闪一闪，推到对岸去
对岸臂挽竹篮的行者
慢慢向田野尽头，隐去腰身
其间，她有没有留意：
身边的白茅，正将悲戚顶在头上
对着天空一遍遍招手，絮叨不止
而细碎的蓼儿花，起伏之间抱紧落霞
多像民间疾苦，终于释然后
随意蹲坐大地，吐出长长的叹息

周晓胜的诗

一只不会说谎的西红柿

春天越来越深，以至于
我们把握不定一片叶子
破空思想的过程

一只不会说谎的西红柿
内心如红苹果般圆润
小小的狡猾如流星
光芒夺目，却敛于自身

归巢的鸟鸣
让我们，不知为何
不由自主流泪

雨夜偶记

雨里的高成大道比平时老实
稀疏的车灯像锃亮的矛
径直刺穿夜的胸膛
一辆消防车蓦地高声尖叫
驰援某处倒霉的失火者
妻在为一部比雨更细长的
肥皂剧发呆
我在读章池的诗集《小镇来信》
从光斑到季候
再从灶火到苦糖
我中年的油腻样子
和他何等相似
他诗眼中的世界与人生
却的确和我们的不同

给我一个投奔春天的理由

或许眼前有雾，我
不肯对向晚的风说寒冷
不肯对两鬓的霜俯首称臣
或许春的气息太甜，使我

对岁月的铁骑
始终恨之入骨

给我一个投奔春天的理由
我要摘三月最嫩的阳光
编一只不沉的诺亚方舟
在时光的河流里
仍旧放牧绿色的诗行

就让层叠的鸟鸣
就让扑面而来的暖阳
和我们
和少年那般
一起轻轻撞响春天的门

夏日所见

夏日盛大斑斓，让每一缕岁月流淌
都温润内心，丰满呼吸，万物皆宜

那些荷、鹭鸟、阳光，和那些身影
奔涌或者遁形，仿佛会通灵之术

在乡间，所见所闻的，没有一样
我不欢喜，青绿葳蕤，暗香扑面

洋姜花想开了，构树花也想开了
你呀！中年之后，想开了吗

荆江的诗

雷公不打吃饭人

长足斜胸攒力
把鸡笼门挤到远方
树倒地,每片树叶开始怒吼
太阳与鸟叫从蛋壳里流出
忽上忽下。家犬绕泥腿子
缩脖摇尾巴,哼哼嗯叫
牛棚暂停舰载机起降
闪电勾住天空称重
骤雨哗然倾泻在土墙屋的茅草上
胳膊与麻秆都举起了手
爹娘的话半碗重
辣萝卜辣啊苕米饭
包老爷、癣疤脸是敬雷公的

深　井

我确定有一种力
存在于村西那眼深井
井水清黑,一两只长不大的
青蛙在水桶边蹬腿逐浪
汲水人的脸、身段,折叠或舒展
井壁陡峭,黑乎乎
一层层青苔垂直地活着
井口平铺十余块墓碑
有的碑文是清晰的
午后挣工分农工都下地去了
阳光惨白,静寂
一柄隐形的伞钩
圈住瘦弱的踝骨,往井里拽
豆粒大的汗珠从额头、胸背
胳膊,从所有毛孔沁出来
每颗汗珠内都矗立着
一口黑亮亮的深井

杨章池的诗

唤 醒

久违的晕眩重回——
爬竿至顶,天空扯住我的童年;
单杠上翻飞,"噗"的一声坠地如
掼下满麻袋稻谷;
高高跳起,大力翻腕,将羽毛球压出强劲直线;
信任背摔①,那突然失控又突然
被捧起的感觉恰似失而复得……
梦是一根盲杖,领我进运动之林:
器械嘶吼,疣猪蹦跶
塑胶喘息,哗哗倒掉整个四月
以及过去的四十年。

注:①信任背摔是拓展训练中的团建练习,主要内容为一名团队成员站在高处向后倒下,由其他团队成员在后面接住。旨在增强团队成员之间的信任和沟通。

白露:北楼103
——为荆州师专毕业32年的舍友聚会而作

我们的显影剂,我们的招魂术
由这些离奇事物构成——
鲨鱼、章鱼、海狗子、
虎妞、猴头、田大榜、
巴豆、萝卜、汤姆……
荡漾在古泮池的
北楼103,在32年前
一会儿是海洋世界,
一会儿成了动物庄园
一个人在电视剧里中枪,
就会有一株植物嘴角上翘。
往来过客,一律清澈,空虚又危险。
此刻,面对古城墙,以及上了年纪的新南门,
它在等待什么?
一次受挫的表白,
一回失败的考试
一个徒步的圣诞节
一场醉酒的篝火晚会

还是溜冰场上的那对神仙？
对出暗号的傻笑，永不厌倦的贯口，
让静止的晃动，黑白的泛彩，
让1990年代回到现场：
一间小小宿舍，同时生长着——
贫穷、热烈、
单薄、丰富、
迷惘、雄心万丈
它又在，证明什么？
有人被圈禁于此，一生迈不开步
有人冲出城门，从此满世界浪荡。
而时空伴随，
头发背叛，
皱纹出卖，
眼镜挽留……
获得并丧失
成长，并后退
每个塑造
都在必然中彷徨。
肉身和思想，统统经不起细看：
一分析，就解体，
一琢磨，就散架。
一樽还酹江月，不如
一帧还原面目：
镜头前我们伪装胜利者
加速将自己汇入，来路不详的
慈祥晚年

留芳，致兴山

叫一声"留芳"，就是在提醒一个人，关于一些事。
微笑的张春晓收到了
端坐巨石参禅的如风收到了
倒立香溪洗头的陵少收到了

一家名叫汉明妃的农业企业收到了
一个名叫"得罗"的寨收到了
一座名叫"木楼"的农庄收到了
一场分别名叫薅草锣鼓、踩堂戏、地花鼓的演出，收到了。

山间蝉收到了，半夜拉起电锯再也不停
土蜜蜂收到了，咬定一个事业嗡嗡直甜
小瀑布、小水电站都收到了，它们
流淌，喧哗，像忙碌的工作队

整个兴山都收到了，它的回答这么直接：
浣一回纱，雾就起了
浣一回手，溪水就香了
心里有话的人，讲给唐松草和珙桐花。

悟空说

我未必不是水怪无支祁，兴风作妖
失手擒于长不出腿毛的大禹
未必不是咖喱味的哈努曼，不是
那六耳的一生之敌
未必不是凛冽的白衣秀才，藏好铜头、铁额
一步三摇向前走。
档案验完，历史清不清白都得
走流程——
一会儿齐天大圣，雉鸡翎得意
一会儿蟠桃园保安，剧透了
少女的早熟。
一会儿赤脚大仙，大摇大摆
一会儿高小姐和小钻风，捏着鼻子
上一刻老鹰，下一刻庙宇
尾巴不尾巴，旗不旗，无所谓
反正会被针对：
鹰会遇上弓箭，庙会遇上拆庙的
心中业障头上箍，在尽头也会遇上一尊
斗战胜佛
"那么，怎样变出你未曾梦见的事物？"
黄钟大吕，八音齐鸣
万千之我从天价邮票中抬头：
来吧元宇宙，进入我。

汉声
Voice of Han

武汉诗人写武汉 [3]

柳宗宣 李强 余笑忠 魏天无
沉河 槐树 林东林 袁磊 喻诗颖

柳宗宣 的诗

坐渡轮横跨长江回汉口

你还在长江,那趟渡轮上
从江南的武昌到江北的汉口
怀旧缓慢的轮渡横行,乘载
过江的人自行车摩托担货郎的
扁担箩筐贩卖的栀子花飘香
江景房出售广告单热干面安陆顶糕
长江中游江水浑浊;带泡沫的
水浪漂浮杂木、死猪和塑料袋
一艘货轮不远处顺江而下
城市这么大,需要辨认方位
混迹在外省的游客中。你说你
是一个旅行者(不是隐喻)
和同事合影于轮渡上
怀抱的纸袋写着"我爱你,武汉"
这个城市签发的身份证,被怀揣
身份证上中年影像被江风撩拨
货轮看似一动不动却在漂移
仿佛时间:清淡寡味的水汽
渡轮破浪到了江心
武汉长江大桥依旧横跨江面
江水拍打江滩。你和妻子女儿外孙
看长江,说起某年某月在北方
却流转到了长江中游
北方的房子早已易主
女儿无法回到少女时代
外孙长大你们变老;世事如江水
一生的流程,被河道规定
在人世,不可过多计算
下一刻,也不知流传何处
你们一起看长江然后离开
长江之上的飞机

正俯冲向天河机场，落地
渡轮靠岸。你的房子隐藏
在城区模糊边缘，隔着马路辨认
公寓的方向：漂泊多年后
如鸟投林的居所
夕阳从马路照射过来
忽然明白了方位；你知道通向
它的电车路线；不知何时离开
（家在何处）轮渡抵达江北的
粤汉码头。江水波动不定托举你
在横跨时间的渡轮上

在三角湖
——致敬弗罗斯特

这可不是人为打造的湖泊
校园的滨湖路为它而弯曲
我们的行走，有了曲线
湖光映照到图书馆向东的
玻璃窗，折射到戴近视镜女生
镜片上。她正读到弗罗斯特
《一个男孩的意愿》其中一句
"蝴蝶凭着黑夜变暗的记忆寻找
昨日欢愉后歇息过的某枝花朵。"

诗人在校园里出现就可以了
多么绝妙的邀请。他一出现
就带出飞鸟湖泊，牧场水泉
垂柳弯曲在云彩浮现的镜面
这里的空气发生变化。灰椋于飞
以其天赋的弧线；黑色的八哥
用它的嗓音叫鸣出没在湖心岛
蒿草菖蒲间起落，携带原初气息

歪脖子杨树，长在那里就是了
不可矫直，以适宜人类的观看
我们热爱的古老意象穿越时空
生长于此永驻这里，透露神妙
狗尾巴草倾向茅草（我指给你看）

弗罗斯特散步或描述过的林间空地
位移到三角湖边,直射暮晚的光线
你和我,和三三两两散步的男女
三角湖的秋风吹乱你们的裤脚和思绪

过汉口火车站

我们深吸了一口这里的空气
汉口火车站的空气温润柔软
(与北方的干燥就是不一样)
鸭脖子或青椒炒腊肉的味道
你身体储存的这荆楚的气息

(你住在哪里:汉口火车站
旁边。为什么,这样可以随时
从它的站台出发,离开这里)

从火车站前高架桥上路过
尖顶的圆形钟楼。广场上
永不消失的人群。你在其中
手持火车票,远离或归来

电梯缓缓上升。微驼的背影
塑料编织袋在身体的左右
(里面的图书和台式电脑)
那是1999年,你在逃离单位
没有图书城、火车站的小城

一个亡灵,突然从面前闪现
(曾经的同事,守旧、怪僻
没到五十死了)你不能那样活
血液在呼喊——你要去抚摸
外面的世界,不可估量的铁轨

梦境中,在这里你追赶火车
奋力奔跑——行李上车了
却被罚在这里,不得离开
跟随缓缓开动的车厢,追赶
却登不上去,你在原地跑动

分身两地。在同质的国家
四处潜伏的牢笼伺候你钻入
把你套牢。无处不在的权力
轻视并役使你；你动用过它

却被它困扰。脱离不了的羞辱
你受够了那可笑的省籍歧视
身份的焦虑压迫敏感的神经
本能对抗，练习逃亡的技艺

虚弱与无助。过度依恋故乡
你的长相你的方言你的胃口
你的血液协助你返回，解救
被罚在站台上奔跑的家伙
（逃离之地反成安抚的巢穴）

你患病了。勉强在某单位混着
勉强在汉口某条街道晃荡
肯定病了，从一个牢笼投入
另一个牢笼，慌乱中喘息
无路可走，遗忘了身边的

火车站。勉强在这世上待着
诗勉强写着（残生的理疗术）
牙齿松懈，维持本能的咀嚼
不去看医生，不会带来奇迹

一列银色子弹头火车停靠在
隧道上面，准备进站或出发
隐在单位的围墙，摩擦的人事
玻璃缸中小金鱼——懵然戏水
被主人喂食；领着一份薪水

困缚于此。你想离开，听到
隐隐汽笛声，车轮轰响滚动
一个声音说，你不属于任何城市
姓名不会写在集体的花名册
不属于任何等级。一个游荡的影子
（火车站——你身体的出口）

路过的隧道上面，一列火车
隆隆驶过，撩拨血液的喧响
走出周围杂乱凄凉的破房子
离开灰霾天气。某协会的研讨会
皮影戏的选举。寺庙的红色标语
（你的身体，一座喧响的火车站）

吵闹着再次出发。两只白鹭
跟随火车头滑行。天地开朗
（最困难的时刻，已经过去）
从虚空车厢，找到另一个自己
你们归宿于一辆逃离的火车

（你住在哪里：汉口火车站
汽笛长鸣，从你的身体启程
骨头咣当作响，心气蓬勃离开这里）

车过东湖路忆武汉女知青

晨雾中的磨山；女人的发髻
后视镜中的珞珈山如静女临波
拱桥起伏，顺着湖水的浪痕
波及武大医学院的草坪

美唤醒了时光深处的你
乡村中学的讲台。修长的大腿
你的声音演示的化学方程式
析解不清那少年眼中的迷幻

身体的悸动——教授的女儿
照亮了乡野，是另一种教育
你考学走了，离开了我们
那梦幻影像，文字的海市蜃楼

美如山水自然天成。拱桥起伏
顺着波光浪痕，连绵滑翔于你
从幽深的记忆（你在何处变老）

而梦回到相遇的瞬息，靠近
你的声音，和青春的身体
你的音容漫漶，梦在梦中展开

那保存在过去身体中的美感
十六岁的相遇，像早年月色
启蒙了我——有一种美

在异域，引领我在世上观看
发明并保持赞美。它破碎
却同湖光山色，一起涌现

汉口洞庭街访奥登旧居

死而复活重返旧地也无法找到
曾经的住所，这英租界的旧址
战时首都少人提及。瓦砾堆放
使馆旧宅前，看见掩映露台的

桑树被连根刨走。手持中国船票
经过大海的荒原，对自我的厌倦
扩展自身经验，到异国战地使馆的
会客厅支起行军床，试观异地奇奥

疯癫的大白兔①引起路人注目
弯曲的街道指指点点，有人让路
同志陪伴。时尚便装。眼光的英气
旅者的自由感，从他们的步伐显露

见过他们的人和街道房舍不在了
被将军和虱子抛弃。存在的事项
被毁掉或改写，而纪行诗如磐石
可察。他们经过的地方高楼耸起

租界红砖房被衬矮；后者把前者的
嚣张镇住。战机未炸毁的文物建筑
绿护板遮挡不得入内，从缝隙偷窥
巴洛克柱廊间塞满商贩。对人世

大地得足够忍耐。他会停驻感叹
时光倒流,我们愿意鱼贯入城垣
黄包车拖着写新诗的,对谈蜂巢
战事。八十年后,警报低昂盘旋

悲鸣如母牛嘶叫(他们也曾听闻)
至今你尚未写出真相;那年他的脸
没有沟壑似的著名皱纹,身体委屈
在渡轮火车步枪士兵农民箱包中间

看见被侮辱和被损害的。用过的纸伞
被折断,中国布鞋和菜肴磨伤过
脚趾和胃口。他的风衣投影东升银行
台儿庄战壕,官员传教士国际间谍

安全区毛发无损。时钟停在1938年
头脑空如七月校园。渴望工作和床
体内警报再次响起;院中观瞻星象
抚摩面前的钟楼,仿佛庞然大物

注:①1938年3月中旬,奥登和他的朋友衣修武德到达
汉口,领事馆外交官认为奥登活像疯癫的大白兔。

李强 的诗

地理课

长青不是常青
中间隔条张公堤

李家集不是李集
中间隔着滠水和倒水

沙河看不见沙湖
盈盈一水间
默默不能语

珞珈山街没有珞珈山
街上没有老斋舍

武胜路没有武胜门
路边没有昙华林

凤凰山、凤凰巷、凤凰镇
风、马、牛不相及
疑似等边三角形

金口与金水
倒是一母所生俩兄弟
哥俩一争吵
江夏不好了

昙华林

六百年光阴
开了又败

败了又开
最好的花期
该来就来
东南风，西北风
该来就来
一朵花开
一朵花败

一千米黑洞
一千米万花筒
螃蟹岬的狼狈
花园山的从容
传说与风景
闲情与生意
约会与意外
等式与不等式
碰撞在一起

昙花与碧玉
黄鹤与烟火
新生与复活
昙华林与昙华林
碰撞在一起

春分了

梅花开过
樱花开了
长江边的垂丝海棠
消泗乡的油菜花
花花世界了
春天端坐在牛背上
看看，闻闻
走出三站路了
春分了

春分了
虫子醒了
种子正在揉眼睛呢

农民们过完了年
放下了筷子
懒洋洋地拿起了
比筷子大一些的物件

春分了
雨淅淅沥沥
像从前的爱情
大部分落在乡里
小部分落在城里
零零星星的几滴
滴落在诗人们的手心里

看见大武汉

看见大江大湖
看见大学大师
看见大光谷
如何点燃自己
如何照亮小小寰球
每个角落
看见万里长江第一桥
上游下游
10个弟弟妹妹
喏,还有两位
即将呱呱坠地
看见早春二月
100万株樱花开了
是的,没错
是100万株樱花
给了大武汉
羞涩纯真的表情
看见金秋十月
玉树临风银杏叶黄了
最老的俩兄弟
家住金口
年逾1300岁
它们见过沧海桑田
见过诗仙李白

一次、两次
或者三次
看见1066种植物
少不了梅花与水杉
长江边的芦荻
《诗经》中的经典
游子的牵挂
看见462种鸟
越聚越多
聚集在鸟的天堂
有留鸟、候鸟、旅鸟
还有10种迷鸟
关于迷鸟
有人说是迷路之鸟
有人说是迷恋之鸟
看见九省通衢
看见四环十三射
看见大县城走了
超大城市来了
荒滩荒坡上
坍塌城墙旁
摩天大楼
鳞次栉比
看见逃难逃荒的人来了
起早贪黑
勤扒苦做
终于端稳了
一家人的饭碗
看见志士仁人来了
忧国忧民
流血牺牲
美好蓝图实现了
成为更美好社会现实
看见高山流水黄鹤归来
看见敢为人先追求卓越
看见大武汉
英雄城市英雄人民
八个金光闪闪大字

车过前进五路

一段传奇
耸在路口
仰望的人
渐渐少了

一篇未定稿
摊手摊脚
没完没了的日光浴
乐得自在逍遥

现实民生福利
各种烧与烤
人肉情未了
老板,再来10串
多放点辣椒

说好的水塔公园呢
大导演与大主角
一拍两散
一位在彩云之南
一位在清源之湾

慢一点,再慢一点

等风来
等风牵来小朵大朵云彩
等花开
等小花成为小妈妈
大花成为大妈妈
等青石板等到青苔
等狗尾巴草等到大花狗
等鸡冠花等到芦花鸡
等编花环捡鸡蛋的小朋友
你和我
从云稼慢乡走过来

余笑忠 的诗

游黄鹤楼纪事

壬寅年初夏,难得尽地主之谊
陪远道而来的老同学登黄鹤楼
那是一个雨天
游客中有几个人身着薄雨披
每上一层楼,就行跪拜之礼
令我不解的是,这里并非宗教圣地
他们从何而来,又怀有怎样的心愿
下楼时,看到他们继续往上
像祭司行礼如仪

登高为求助
在偏远之地,有人举着手机
为搜索网络信号翻山越岭
登高为自救
一片汪洋中,有人爬上高高的树枝
有人爬上楼顶

当游客们以敲击洪钟来许愿
在这里,他们一边礼让着
行色匆匆的我们,一边在一级级楼梯上
跪地拜伏
而如果没有内心的喜悦,一步一叩首
也只是机械地重复
登高即祈祷
所谓如愿以偿,是远道而来
又继之以一步一拜的丈量
在他们眼中,斯楼乃一方净土
我们的步履带去的重重尘垢
也就可以忽略不计

天台上的跑步者

临近傍晚，在阳台上看天色
眼睛的余光瞥见东面的天台上
有一个跑动的人影
定睛一看，不见了
稍等片刻，又跑了过来
天台上的两个储水间
构成了几个死角
他的出现断断续续
好像一会儿挣脱了什么
一会儿又陷在了哪儿

每每出现在我的视线中，他总是
拐着弯跑，以绕行代替直行
这个在临时场地另辟蹊径
却不能甩开脚步快跑的人
好像在为这么多日子以来
画地为牢、四顾茫然的我
找出一个答案

天色越来越暗。街灯亮了起来
他脱掉了上衣，悠闲地踱步
终于从一团乱麻中脱身了
终于可以宽慰自己了
熟悉的万家灯火
从来没有如此明亮，如此明亮

界　限

小区院子里，有人边走边唱
"我正在城楼观山景
耳听得城外乱纷纷。"
《空城计》。老戏迷。
夜晚的小区
钢琴、单簧管、萨克斯时有耳闻
有一阵，一支乐队常在露台上排练
他们中有人弹奏中阮
这些琴童、业余音乐人，全都是只闻其声

唯一认识的一位
也只是点头之交，美声，男中音
所有那些人都只在各自的房间练习
在户外，如此忘情高歌者会是何人？
"我也曾差人去打听"
放慢脚步，循声而望
远远看到他正从篮球场那边走来
"打听得司马领兵往西行"
拐弯，路过幼儿园侧门
那里光线更暗，他干脆驻足不前
就像为了唱到此处：
"诸葛亮在敌楼把驾等
等候了司马到此谈谈心。"
再拐弯，幼儿园正门
直行，小区大门
隔着通道，我认出那是一位老人
同他底气十足的声腔相比，身形显得单薄
唱得好啊，出门就是路灯高照的街道
我不禁暗自期待：他伫立街头
旁若无人继续一展歌喉：
"你到此就该把城进，为什么
犹疑不定进退两难，为的是何情？"
但他戛然而止
那栅栏、那街亭
似乎正是他自我设定的界限
不关乎勇气，不关乎技艺
似乎只要越雷池一步，他会觉得
哪怕唱得再好，在自己听来
也是假声假气的
如同饱蘸浓墨，也无法在蜡纸上落笔

甲辰年八月十六暮晚，路遇记

躺在那里的不是醉鬼，不是流浪汉

先前我看到过他
停下跑外卖的电动车，坐在广场一角的石凳上抽烟

等我绕着高楼走了一圈，大约4分钟

那中年男子躺在石椅上

暮色降临
八月十六的月色好过中秋节,像一种补偿

普拉提瑜伽馆里,几十号人在练功
我想能够躺在石凳上睡上一觉也要功夫
年少干农活时,累极了,躺在家里窄窄的条凳上
或者满是落叶的竹林,都能美美地酣睡
如今,睡眠再也没有那么好了

我又走了两圈。七点半
想起前两天有朋友发过消息,他们的一位同事
在租住的房子里午休,再没有起来
五十五岁,平常最能干力气活的

眼前的这位只是累了吧
不知道这一天他跑了多少单
瞌睡没有遇上枕头,有个石头凳子也是好的
秋风送来了凉意

那电动车的尾灯仍是亮的
他的脚踝:深色
他的脚掌:磨得有些发白
他的白塑料拖鞋:一对难兄难弟
他的睡眠会把他带到哪里?

小广场上,孩子们有的骑着小自行车
有的踩滑轮车,有的打羽毛球
有的玩老游戏——老鹰抓小鸡
穿梭在他们和他们的笑声之间,是我一天中
最轻松的时刻

那位骑士醒来了,刷着手机屏
我也像松了一口气。看了看手机,估算出
他大约躺了二十四五分钟
也许因为夜晚漫长,他需要提前消磨掉一点
也许他有喝酒的打算,作为对辛劳一天的补偿
也许,他什么打算都没有,只是在这里
换了一口气

童年的味道（街头采访）

大商场的马路对面，有几个摆小摊的
唯一的女性，来自郊县的农妇
年近七旬，她的小摊是一个泡沫盒
白纸上写着：麦芽糖止咳化痰
麦芽糖用塑料袋分装好，每份5元
我买了一袋，微信付款，收款人
是她女儿的名字
一天能卖20来包。一站就是一天
午餐自己带饭，有时买两个馒头，就点咸菜
"上厕所呢？""去对面的大商场
那里厕所真是干净"
每天她乘地铁从汉口北来到闹市
往返各一个小时（有老年卡，省了交通费）
我说她年轻时一定是个大美人，她淡然一笑
对这样的夸赞想必早就习以为常
在闹市摆摊已有二十年
除了麦芽糖，她还卖过栀子花、莲蓬
小生意，她面前从来不会有人排队等候
有一天，我问她怎么头天没来
"老了，有时心慌，脸色煞白，那时
就不敢出门了。"她边说边挥刀砍着糖块
衣袖上有一层白色的粉末
从前，每次回家，她的小外孙就会扑上来
"外婆的衣服都是甜的！"

魏天无 的诗

窗外，五月

鸟声越来越悠长，急迫
婉转成呼唤
树叶在摇摆，在期待另一场
雷暴雨。那时，一瞬间
天地为之色变，像一个路怒症患者
踩死油门，轰鸣声
卷起黑夜的灰尘。我关紧所有的窗户
看见树叶哀求的脸在玻璃上被压扁
被剐蹭，又弹射而去
像多余的雨水，一遍一遍洗刷自己
又在阳光下，一点一点
把自己舔净

游　戏

几个小朋友，在空寂已久的小区里
捉迷藏
自我蒙蔽的小女孩大声数完十
再度睁开眼回到这个世界
"他们都去哪里了呢？"
她自言自语。她话中有话
她看不见我，同在阳光下
她只想看见那些不想让她看见的
我看见她奔跑起来
像旋风下的落叶，金黄，脆弱
失去最后的水分
每片叶子都有所指，就像
每个角落都处心积虑，令人遐想
失落无法避免

她要找回熟悉的一切
并不是那么容易

佑铭体育馆旁的银杏

这么多年了,叶子
越来越多
越来越高

这么多年了
它们好像只有叶子
好像只在深秋才有叶子

它们的叶子好像都在等待
一夜风雨

落光的才像叶子,才像
它们的叶子
没有人需要它们来遮阴
也不会有人来清扫

踩在上面不碎裂,不像
悬铃木的叶子
带着时光烧灼的煳味

三角枫,树龄三百

当初看中的正是这棵树,书店老板说
也许还有这里的倾颓,岁月
浑浊的泪;他没有往下说

树干吊着输液袋,像一块补丁
但落叶已等不及,补丁一般翻飞过
我们发量稀疏的头顶

京广线依然繁忙,蛇山在阵阵轰鸣中
战栗。大桥下的人们静坐
等待落日的补丁开裂,消散

晨 景

武当山日出。先行的雪很快会消失
我这里的朝阳刚刚照在对面干休所楼顶
太阳能热水器上。银杏的树枝很干净
落叶也是,甚至比昨日黄昏更为生动
窗下保洁员蹾拖把的声音。重新
清洁世界的工作即将开始
今年够向阳台的黄连木枝条已被
悄然修剪。杜英开始接纳阳光
这个清晨令人满意
二单元捡壳子的老头腋下夹着
一摞纸盒,点起一支烟

沉河 的诗

致东湖

我喜欢这一片东躲西藏的水
和它身边敦厚的珞珈山、南望山、磨山
我喜欢这个保持了旷野面目的道场

人世无常,我选择站在水的一边
做个赤子吧!听从阳光与风的安排
醉眼蒙眬,身体像条鱼样轻灵

东湖梅园观雪记

为迎接雪,湖水先把自己冻住
飞翔的鸟儿从梅树跳下
学会了滑冰。岸边的野芹菜
保持着半身清白,水边的枯荷梗
更见苍老。草丛间散乱的石头
把自己标记为出世者
天下大势尽在不语中

不久之后开春,湖水
再把自己打开。接受着
远山的深入、梅花的深入
云朵与月光的深入
它们安静地发生

独处的我也如此安静
湖内的颤动,我用心去连接
好像无线电,听到的事物间
互相看不见

江边饮酒

诗人在江边喝酒,望着
远逝的滔滔江水说:酒和诗
都是一种对此身的挣脱

诀 别
——纪念伯牙、子期

他带着自己的琴赶路,日夜兼程
当他走到汉水边,让真实的流水
在眼前流过,对面的高山早已坍塌
一声崩裂的叹息结束了
两人诉说与倾听的命运
他停了下来。并非无路可走
只是再也不想走。他历经沧桑
琴也变成了一根老木
江汉上空的弦响早已如云消散
茫茫夜空,星星互相打着
遥远的照面。他举起那人的斧子
劈向那根老木头。他从没有想到
高山的力量远远大过流水的力量
沉重,有力,狠狠的一击
琴身便分为两半
诉说还是诉说,倾听还是倾听
仿佛他们从来没有彼此依伴
万物死寂一片
万古的孤独亦如斯
他生起一堆火,照亮了自己
那堆火,燃烧着流水的声音
生长成一座高山
他想起某个夜晚,那人
打完柴回来,给他生起一堆火
火光温暖了两人
"善哉,峨峨兮高山
善哉,洋洋兮流水"
多么好啊,多么好啊
一个是流水,一个是高山

一个把另一个要听的话说出
一个把另一个要说的话听到
一个义无反顾地选择远离尘嚣
一个持之以恒地完成艰苦生活
从今往后，山高水长
最后的流水是大海
最后的高山是云峰

我的汉江印象

汉江不宽阔，也不狭窄，很多时，水很低，露出绵软的河床。
很中庸的样子。亲切、静谧。
从此岸可以大致清晰地看到彼岸，树木、野草、稀疏的人
又有着不可触摸的距离，仿佛隔着了一个重生。
我曾经向对岸有过呼唤。没有回应。那声音像落在了沙里。
我曾经向对岸招过手，就飘过来一朵云。
汉江边的鸟不会过江觅食。牛也如是。一边的蒲公英飞不多远。
几公里间的地方就会有一处渡口。我是到彼岸即转头回来的人。

致九真山

我们总是更爱遥远的事物
一个平原的孩子向往着山
三十年后，我才明白
我见到的第一座山，名叫九真
我穿过广阔的江汉平原
跟随着低缓的河流和云朵
遇到了一座山。它守在武汉的
西南大门，让我平淡慵懒的心
一下子有了起伏、坎坷
山啊，我梦中见到的云山雾海
在眼前，有着真实的崇高
顿然想起孔夫子所说
知者乐水，仁者乐山
想起司马先生对孔夫子的评语
高山仰止，景行行止
从此，我的品行有了着落

给云稼慢乡

云

今天，没有风，只有云
这真正的云停在天空
并不能看见它生长，变化
或薄，或厚，或多彩，或乌黑
它是朵时间的云、形而上的云

如果在飞机上往下看，它们
依旧构成一座座连绵起伏的
雪山，围住碧蓝碧蓝的天湖
构成巍峨庄严的城堡，神兽
出没，金刚显现，换了人间

但大多数人只在地上看云
诗人们看了几千年的停云
政治家们看了几千年的风云
我是个现代的生活家
无意间看云，无意间生活

从低向高的云，一成不变
从高向低的生活，坎坷悲喜
一朵云的养成不知道积聚了
多少口呼吸，一朵云的消失
我从没有等到那虚无的一刻

但旁观者的生活充满了假象
仪式感以及对风的期盼。我
不知道一阵风会把云吹向哪里
我看到两朵云的战争、一朵云
内部的战争，一样的电闪雷鸣

女人躲在男人怀里，孩子们
躲在父母怀里，生活躲在
未来怀里。云在受苦，受难
它的地狱是冰，天堂是雪
这想象，安慰了人类

天空阴沉时，我不知道
是云不存在，还是到处都是云
我的心同样阴沉，是满腹心事
抑或心无挂牵？读书、喝茶
视野局限在灯光暗淡的房间

回顾几十年的观云史
平原的孩子看到穿衣的云
山里的孩子看到裸云
城里的孩子看到脏云
思想的孩子看到火星云

我看到自己是一朵轻浮的云
在语言的天空中试图停留在
月光照耀的夜晚，让夜空
变蓝，变深，变甜，有着
所有白天没有过的样子

稼

禾字旁的"家"，告诉我
我是素食者。猪马牛羊
是我的兄弟，鸡鸭鹅鱼
是我的姐妹，麦稻高粱
是我的血肉，棉花是我的衣服

我"稼"过：割麦、插秧、除草
杀虫、打尖、打谷、收芝麻
我还"稼"过：拾粪、挖洞
放牛、喂猪。我是农民的儿子
我是稼穑的实践人

我是麦稻、高粱、棉花、芝麻
我是大豆、蚕豆、豌豆、扁豆
我是红薯、马铃薯、苞谷、南瓜
丝瓜、冬瓜，我是萝卜、胡萝卜
大小白菜、苋菜、番茄、辣椒

我还是秋葵、茼蒿、泥蒿、蒜薹
苦瓜、香椿、马齿苋、鱼腥草

我是配角成为主角、边缘成为中心
我是稀罕成为平常、基因成为
转基因。我不仅洋气而且野气

现在我朴素的生存又有了高级的
幸福：我是火龙果、蓝莓、草莓
杨梅、桑葚。我在大棚里
风雨不侵，霜雪不凌。我是现代文明的
"稼"，我是自己的陌生

慢

当我老了，坐在冬天的暖阳下
无力的手已握不紧一支毛笔
混浊的目光也搜索不到一张白纸
我数着自己的心跳，一秒又一秒
放学的孩子们欢笑地跑过我

我听到他们远去，不一会又回来
在我面前的场地上嬉戏
我听到一个小女孩的声音
特别尖细，她不停地叫着
哥哥，哥哥，等等我，等等我

孩子们在不停地奔跑，没有目的地
奔跑。等待着太阳落山，鸟儿归巢
母亲做好晚饭，书桌上点起
亮亮的灯火。我的黑暗也已到来
我扶着椅子站起，相依着回到屋里

我的书法老师告诉我，永远不要在
太阳未落山时赶到住地，不然
你将要遗失一些可贵的光明
我的领悟力很快便明白他是说
写慢一点，再慢一点

书法的第一奥妙是线条的诞生
它们每一根都是活的，它们
慢慢生长，成形，以墨水喂养纸
以笔毫探索未知。蠕动，颤抖

然后永垂不朽。终是慢的，很慢

我的老师还告诉我什么，我已
忘记。我一辈子也没有真正让
线条的慢，像一根出芽的爬山虎
它是我所见植物中生长最快的
我盯着它爬满了我屋子的外墙

槐树 的诗

青山镇

我到青山镇的那天,天色灰暗,我简单的包裹和我
形成鲜明的对比。
我在找一个思想落脚的地方,我不知道我要做些什么
西风关上了我前面,所有的门。
高高低低的房屋,坐落在山腰上
我住的房子,前面有个院子,和一盆菊花。
我深夜出门,想改变一下个人状态。
我看见赌场的灯光,一个围着长围巾的女人,从我右侧擦肩而过。
我好久没去江边,那里有一片杨树林。
我在青山镇,一个老妇,和她的狼狗在一起。
乘车到建设七路,我在不认识的人群中穿行
我裹着打了折的上衣。
我躺下来,后背贴着黄草,水边有鱼腥的气味。
我想起石头,她在不确切的位置,发着微弱的光
我想起了石头。
在青山镇,街道睡着了,有一间屋子张着嘴唇
和门口的树说话。
那是在青山镇,七月十四,我和她坐在码头
洪水漫上了二十四级台阶
我在她后面,成为夜晚,缺少的部分。
我霸道,我在深夜遭到蛇的攻击。
后来,我杀了一个人,我也同时被无数次杀死。
我站在玻璃窗后,看了看自己的手相,我也看她的手相
我们都命中注定。
我扬言世界该变一变,变到离本来的样子,相距甚远。
那年秋天,我第二次看见海,我看见海岸上石头在哭
嘴唇像花朵。
我像冬眠的虫子,躲在门后,我读卡夫卡
一只蝴蝶要了我的魂。
我把身体埋葬在菊花开放的夜里,骨头在五槐树下。
我头顶飞过,一群大雁,排成人字形的大雁

飞向南边。
我想起了我的父亲，已经进山
打柴。
后来，我跟她常常提起，青山镇。
我离开青山镇，还是独自一人。

理工大校园里

空楼，空操场
在空无一人的路上，我走动着，带动了一块空气

登黄鹤楼

我们从一楼上到二楼
在二楼的回廊上走了一圈
看了看四周的风景
然后从二楼上到三楼
在三楼的回廊上走了一圈
在三楼的回廊上
有人背诵起古诗
欲穷千里目
更上一层楼
我们又从三楼上到了四楼
在四楼的回廊上走了一圈
我们在四楼停留的时间很短
又从四楼上到五楼
在五楼的回廊上照样走了一圈
看了看四周的风景
然后一口气从五楼
走了下来

举水河上

我看见有个人走在举水河里
我看见那个人的腿脚在水面以下
我看见那个人的下半身在水面以下
我看见那个人的胸部在水面以下

我看见那个人的脖子在水面以下
我看见河水淹没了那个人的头顶
我看着河面上的河水静静的
我看见那个人的头在水面以上
我看见那个人的背膀在水面以上
我看见那个人的上半身在水面以上
我看见那个人的大腿在水面以上
我看见那个人走在举水河里
直到他走上对面的河堤
然后翻过河堤
就不见了

一条直线往前延伸

我站在一幢楼房的
大玻璃后面
看着一条直线
从楼房前的树林
往北延伸
那条直线穿过
两排不高的建筑物
跨过一座立交桥
往北延伸
立交桥过去
是一条绿化带
绿化带过去
是一片密密麻麻的房屋
直线穿过绿化带
接着穿过那片密密麻麻的房屋上空
继续往北延伸
直线穿过一片宽阔的湖面
到达一片群山脚下
直线继续往北延伸
直线穿越群山
穿过群山的直线
我想它一定还在继续往北延伸
只是我看不见
我经常站在一幢楼房的
大玻璃后面

看着一条直线
往北延伸
我想那是只有我
才能看见的一条直线
那里其实
没有一条直线

89个字符数

在关山大道上
我看见一只塑料袋
在天上飞
那只塑料袋乘着
向上的风
它和很多飞起来的物体一样
没有翅膀
它看起来飞得很随意
也很容易
在关山大道上
我看见一张纸
在天上飞
相比塑料袋
那张纸是后来才看到的

两只蝴蝶

昨天下午六点
我走在环山南路和环山北路的交界处
看到一只白色的蝴蝶
从山上飞过来
今天下午六点
我走在环山南路和环山北路的交界处
又看到了一只白色的蝴蝶
从山上飞过来
我是多么希望
今天看到的蝴蝶和昨天看到的蝴蝶
是同一只蝴蝶

在鼓架坡

我看见天上挂着
四个很大很大的柠檬
最高的那个
大约有三层楼那么高
第二个紧挨着那个
在那个的右下角
第三个在第二个的正下方
大约也有两层楼那么高
第四个最大
也是离前面那三个
距离最远
那个柠檬缓缓地
从两层楼的高处
一直在往上升
我想我终于看到了
一棵看不见的柠檬树
这棵柠檬树上
有一根
会飞的树枝

21号公路

21号公路在和平大道的尽头
从工人村路开始
沿着两侧厂房的灰色围墙
经过焦化工厂
空气中夹杂着多种化合物刺鼻的气味
穿行在武钢和石化的厂区之间
经过三条铁轨
从一个三岔路口往左
进入焦沙路
从焦沙路最后到江边的武惠堤
1994年至1999年的那几年
我经常乘坐从红钢城到江边的客运巴士
那些乳白色的巴士
奔驰在21号公路上
今天我开车行驶在21号公路上

公路还是那条线路
两旁的厂房建筑还是那些厂房建筑
只是那些乳白色的客运巴士
已经看不见了
那些打着伞走在路两旁的人
好像在云端上
还没有下来

林东林 的诗

爬山虎带来的

爬山虎沿着墙壁
爬上来了
还在继续向上爬
绿色的茎秆
浅紫色的
还没有舒展开的叶芽
正四处寻找方向
这是今天早上
透过窗户
我所看到的
可以想见
不久后的日子里
它们将会完全爬上来
爬满整个窗户
可以让坐在那儿的我
偶尔停下来
看着它们
以及从它们的枝叶之间
漏出来的一些光亮

武汉1983

这一年的这一天
有一个女的
骑着一辆永久牌自行车
出门了
某时某刻,她正从
马路的一边
推着自行车前往

马路的另一边
她的身后
有一辆白色的公交电车
有一辆三轮车
还有一辆拉满了纸箱的架子车
以及很多辆
跟她推着的这辆自行车
差不多的自行车
她不会知道
推着自行车过马路的自己
会被拍进一张照片
不会知道
那张照片里的自己
在42年之后会被我看见
并写进这首诗里

解放公园

有的人在拍婚纱照
有的人在喂鸽子
有的人在划船
有的人在野炊
有的人在长凳上睡觉
有的人在吹萨克斯
更多的人跟我一样
午饭后拐进来
溜达几圈
然后就坐在那里
看着有的人在拍婚纱照
有的人在喂鸽子
有的人在划船
有的人在野炊
有的人在长凳上睡觉
有的人在吹萨克斯

无名氏

有个人在长江边走着
不晓得他是谁
从哪里来
又要到哪里去
反正他就在长江边走着
在这里的长江边走着
又或者是
在那里的长江边走着
在过去的、现在的
又或者是
将来的长江边走着
就是这样的
有个人在长江边走着
无论任何时候
总有那么一个人
在长江边走着

地铁七号线

不知道是不是有人
跟我一样
一上来
先注意到那堆鸡蛋
那堆青壳的
粘着一些粪便和羽毛
的鸡蛋
然后才注意到
盛放它们的那只篮子
篮子旁边的那双脚
最后才注意到
那双脚的主人
正靠在扶手上睡觉的
一个老妇人

在汉口江滩
——给少勇

一小块石头脱离了南极
随他坐轮船、飞机
来到我所在的城市
我手中,也包括
表层的那一点儿余温
一场开幕式正在进行之时
我把手缩在口袋里
摩挲着它,或也就像
在摩挲着南极
表层的那点儿余温
逐渐被我赋予的
所代替,直至完全成为我的
兄弟,这是在长江边
在秋色渐起之日
一小块脱离了南极的石头
躺在我的口袋里
因为它的存在,这个上午
我得以暂时与世隔绝
并默享着这份与世隔绝的畅意

袁磊 的诗

在金星村

天黑了还蹲在原地，在金星村
陪一棵老构树发呆。巴掌大的构叶
在半空中举着心事，它们偶尔
翻动几下，像气流中稳住的翅膀
或羽毛。风声过处，我的天上多出了
一万只鸽子，它们在向我传递什么？
远处荒地，枯枝与葎草在薄雾中
支起几个人影，——在荒地那边
多出了一个舞台。我清嗓用楚方言
唤了一声：嗨，老乡——
却换回牧羊犬的狂吠，这坏东西昨晚
挣脱锁链咬死我四十多只鸡
扶起树干，我摸了摸脖子，一片叶子
恰好落在上面，捉起时我感到手掌
毛茸茸的力量，——让我深信叶子
是造物主挂在空中的锦囊，每一帧都
是一个书生播下的种子，或奇迹般的
梦想。构树边蹲久了，起身时
身体一倾，分明是什么跳出了肉身
他们到哪儿去了呢？一再地保持沉默
我宁愿他们在星空的舞台飞奔、纵跃
嘶吼，或用一团接一团的星云点燃
自身。这样想时，我似乎在天上看到了
楚巫的遗产中跳出世外的图腾和神
——分明是他们又弹回了我体内
我低头缓缓压住自己，像在气流中
稳住翅膀，隐隐中有尘土飞扬
胸中是一万匹脱缰的马

夏　水

周末午高峰，二七大桥上的车流
像一列向楚国进发的叛军
彼时，楚王宠信的小儿子还在赌气
乘小舟沿夏水漂在亡命的途中
带着玉玺和羊皮地图，地图反面
是一幅美女肖像图。这条路出现在
《哀郢》第三行，读书人都走过
多少人留在这条河中，他们在流水上
题诗，流水就开出了浪花
孤帆、白鹭和云朵的背上，常常歇着
他们的理想和梦。狂风、湍流与暗礁
开具的墓志铭，供奉的白云上
至今还有人在上面奔跑，他们跑错了
一个又一个时代，胸中依然怀抱着
新娘般的清芬与火焰。在二七大桥下
出现了两条江，楚王的小儿子从那里
经过，"我们至今还在游荡，不知道
该去到哪儿"，抵达一个个地方
又离去，每个地方都是那么的不同
但总能从怀中抽出一朵花，或
一尊泥菩萨，我们都是一个地方的
童话或王子，去往长城的途中
到处都埋伏着金字塔上的巨石和白骨
所以在二七桥上加速时，每一脚油门
都是镣铐，每一记刹车都是救赎
"卓尔书店像不像个中年和尚，我们
都是一座座无根小庙，肉身悬浮在
江上，等落木、孤帆和远影将灵魂送回"
楚王的小儿子至今漂在夏水上，在琴台
剧院听傅人长指挥《仲夏夜之梦》时
我看到那只孤帆漂了回来，又向远方
递了回去，回来与回去，像一个图腾
在暗夜里给大海与星辰送求救信

飞　行

关于八十年前的那场空战，在武汉
我没找到参照。关于伊—15或16战机
在八十年后，在两千米高的武汉上空
也没找到内心的高度，纵然我彻夜失眠
一早就趴在飘窗前，纵然诗歌能飞翔
在我惦记的天空频频上演平螺旋、莱维斯曼
我也只学会了讨好姑娘的伎俩，用诗歌
抒情。想到我前任的前任在空15军服役
我是不是应该找到他，总结彼此的失败教训
也借此交换绝技和阵地。但在丁丑年4月29日
在我分手的前些时，江苏人陈怀民刚以日记体
完成绝笔，说来惭愧，我的恋爱史
刚够他的服役期。我也在梦中频频激战
在沦陷中坚守着青年的主义和立场，真羞愧啊

什么时候我才能放下儿女情长，修成这门绝技
以诗完成一场报国的飞行

岛　上

最好在岛上建一座庙，成为世外之地
最好建在盛唐，供贵妇还愿，儒士泛舟
谪官与迁客都找到了落脚的理由
最好有一牌匾，上书：皇家寺庙，御笔
来自中唐的某位皇帝，或有落难的
王子或士族皈依，于佛前问道，草了念想
最好有位江南女子，身世沉浮，眉宇间
泛着佛光，在此参禅苦修、得道成仙
或干脆闲置下来，任草木疯长，世道之外
也妖魔横行，云游的道士长髯、褴褛
等来了落魄书生怀抱着忠义与爱情
在岛上，遇到的都是几世所修的俗世道场
小贩总爱短斤缺两，打尖要价比市中心
高出几倍，无人赏月，但岛上夜夜笙歌
不断有船只连夜送来商女和嫖客
戊戌春，我与诸友泛于湖上，划桨者
乃七十岁老太，没有饮酒，没有赋诗

数十公里水域无歌可答，宁愿花十块钱
请老太再载一程，岛边荒草间还藏有
我几排汉字，湖心倒影我正欠着几个修辞
而岛上校场还羁押着几头怪兽和意象
水波不兴，我被双桨越推越远
不着急湖水送来烟波，几只白鹳却飞来
世外的身影，我伸手浮过绿水
借小舟的轻盈，发出了嘎嘎的对应

想　象

关在一个木匣子似的小楼里
无论朝代和礼法，也不用房贷与身份
窗外尽是棚改户与还建房，内心则充满了
幻象与虚无。但透过飘窗依旧能看到
真实的天空、飞鸟和闪电，我什么都不用管
工作是漫无目的的想象，想象也不用局限于
现实的参照与模型，不用区分艺术门类
想，只用放纵地想，歇斯底里地想
像架在空中，又像沉入牢底
道场在替换中把握着胸怀与眼界的宽广、高低
可以将我抛在任何时代，可以与官商为伍
也可以与隐士做伴，只要月亮还肯光顾
只要我还能想象。在人世的炼狱场上
真真假假的迷心殿堂，美好源于想象的丰富性
我只要拥有清白的想象，哪怕它锈迹斑斑
斗室内堆满了书，斗室之外堆满了平凡的经历
我拥有过它们，伤害过它们，它们都是
我想象的阀门和财富。我尽量什么都不去打扰
用余生轻手轻脚地搬运这些想象

小　巷

面朝百货大楼向右，经红绿灯口
往左，过菜市场那条小巷
两边居民楼密匝，很少的阳光
过茶馆、米店，香樟树下
趴着她前年讨好过的白猫，小巷出口

小块的菜地还种着她辨认过的证据
我们讨论过孩子,讨论过不太费劲的生活
黄昏在她眼中燃烧,那些炙热的、青春的
火苗,曾带来短暂的幸福
我们在幸福中辨认过彼此,我的心中
藏有星光,但如何才能装下空空的理想
戾气与浊气充斥着小巷每个不安分的时辰
连失去都预演着去年的卦象和托词

好吧,我多少次走过不能完成的小巷
依旧沿用着败局,在想象中重走这段感情

乞 者

这么多人,在民族大道光谷站
在高出站台一寸的水泥沿上,没蹲一会儿
就有铁钵伸过来,伴着几声公汽的急刹
我只看到人腿,在车旁涌来涌去
像替我碰撞着什么
四年前,我也将这趟公交当作庙宇
奔波于斯,渡着理想与悲悯
无论多拮据,都会向钵里匀出一两枚硬币
但蹲在公交站台出神,无论乞者多卑躬
我都再无力奉上兜里的碎银
不是已深谙这门手艺,修得铁石心肠
在武汉,我已认下众相为师,做徒
车开动的时候
我依旧蹲在原地,看乞者托着钵子
和夕阳,像个大侠
怀着济世的志向

喻诗颖 的诗

我从B出口出

晚上十一点半，出瑞安街地铁站B口
白天紧密排列的共享单车
此刻一辆也没有
沿地铁口向前走二十米，有一家土菜馆
露天下增设了四张桌子，店内店外
都吃得热火朝天、热爱生活
我和母亲在情急之下吃过一次
味道不甚喜欢
但总有更多的人喜欢
土菜馆对面有几家烧烤店
我每次都会分外留意一下
店前是否有遗漏的共享单车
今天很幸运
扫码开锁，继续向前
经过地铁站D口时向右转弯
骑行至此，我还需5分钟才能到家
D口是关闭的，暂未开通
如果开通，没有以上种种
就只是"我从地铁站D口出"

我和顶楼就好了

我来到33楼
我在这里发呆，除了晾晒的被子
这里空无一人
我用最适合发呆的姿势：蹲着
只是这样
什么都没做，也不想做
什么也都不用做

就在这里躲起来
浪费时间,就好了
我只是有一点头痛——昨晚没有睡好
我的身体不痛
除了蹲着使我的双腿一阵麻
我的下半身没有知觉、沉重
就着那一点点的不适感
使我第一次有一种感觉——
我没有情绪,喜悦或者哀伤
我很平静
我几乎忘记昨晚在12楼的愤怒
像一个因为没有情绪所以没有思想的小茸毛
在略高于33楼的半空中
悬浮——它并不是想飞
只是刚好被悬在此处

地铁狂想曲

下班路上,乘坐地铁
站内匆忙拥挤的各具身体
有股疲倦的松散
邻座的中年男子
稀疏的头发上挂着油渍的灰尘和头屑
双手环抱着公文包
手指粗短圆润,指甲一圈黑缝
旧旧的公文包也没能遮住
呼之欲出的肚子
脑袋一歪一歪地
——摇晃
似要下沉,更像在用梦境说NO
闭上的眼睛会忽然警醒地睁开
没有熟睡的灵魂
确认站点后
下一秒就打出了鼾声

出租车里遗落了许多秘密

告别人群之后
都临近午夜
因为顺路,我们等着同一辆
出租车。先后到达我的终点
和你的终点
在出租车的后座
我几乎总在你的右手边
我会摇下右边的车窗
看着车窗外面
和你谈论这一天
以及未曾见面的许多天
偷偷地说着某个人
的秘密的时候
声音已经响彻在整个车厢内
车驶过巡司河边
秘密像倾倒在河面上的星星和路灯
若隐若现,遗落在车厢后座
被出租车司机拾起
又被下一个乘客填补

我的生活里没有坏消息

搬离长江边后
住在火车轨道旁
他们有十分相似的地方
每次江边散步的时候
都是夜晚
每次更能发现火车驶过的时候
也是夜晚
窗口闪烁的灯光和星光
隔着窗户也能听清的鸣笛和
江水翻涌的声音
火车轰轰隆隆划过梦境
也像一条长长的河,架在我的
镜框和记忆之间
我在这里,生活着
路过着

做下无数个决定
收到过好消息和不那么好的消息
我想，我的世界里
没有坏消息
窗外有接连不断的事物
我偶尔在这样的事物面前
停一停，会觉得发生过的
就都没有关系

在古琴号上发呆

我坐在船头
盯着江两岸的高楼建筑和他们
身上闪烁着的变换着的绚烂
看着傍晚沉入夜晚
再顺势偷看甲板上
来回踱步、反复遇见的陌生人
他们擦肩一瞬，闪动着几丝头发
他们各自的后背和颈项
都留有一种神情
不同于上岸后的平常
和无意——请感受我此刻经过的气息
让我成为你回忆里亮起又暗下的
一瞥影子
我们一同被境况之外的人注视着
我们移至远处的眼神点燃桥上的灯
我们是船靠岸前的
"一小时"朋友
我没有一刻想起询问你的名字
我们原本也都没有名字

江边散步

从江边散步回来
就可以直接入睡
把这一天最疲惫的呼吸
留在轮渡的靠近和驶离中
把近来最远的目光投送到江对岸

幻想一个四目对视，因为懂得
而无须言语的秘密
把右手搭在一个虚空的
栏杆上，秋冬之间的气温
没有使我的意识往回缩弹
涌至眼前的江水，不曾停歇
而我在此处停歇
关上灯，闭上眼睛
这一天
要在一个没有逻辑的梦里
结束——你站在突起的田埂上
朝我用力地挥着手臂
两边是凹陷的田地，仿佛一歪身
就掉进江水里

我攒够难过才来到江边

我攒够好多天的不快乐
只想，来到江边
我双手扶着铁栏杆
我背靠着人群
背靠着高过脚踝的阻碍
只要背靠着，就可以
使自己消失
就可以安心地
流下泪水
就可以跳脱此刻的不快乐
而完整的感受"难过"的顺畅
我把我的情绪一点一滴都放在
江面中央，江水涌动着——涌动着
被清洗的已经变成宽阔的情怀
送回岸边
我转身，背靠着栏杆
我带走我自己，我的身后
没有其他附着

本期摄影　林东林

图书在版编目（CIP）数据

汉诗. 星空的当代史 / 张执浩主编. -- 武汉 ： 长江文艺出版社, 2025. 6. -- ISBN 978-7-5702-4053-1

Ⅰ. I227

中国国家版本馆 CIP 数据核字第 202528NZ61 号

汉诗. 星空的当代史
HANSHI. XINGKONG DE DANGDAISHI

责任编辑：胡　璇		责任校对：程华清
封面设计：祁泽娟		责任印制：邱　莉　王光兴

出版： 长江出版传媒　长江文艺出版社
地址：武汉市雄楚大街 268 号　　邮编：430070
发行：长江文艺出版社
http://www.cjlap.com
印刷：武汉新鸿业印务有限公司

开本：720 毫米×1000 毫米　　1/16　　印张：16.75
版次：2025 年 6 月第 1 版　　2025 年 6 月第 1 次印刷
行数：5445 行

定价：36.00 元

版权所有，盗版必究（举报电话：027—87679308　87679310）
（图书出现印装问题，本社负责调换）